EinFach
Deutsch

Heinrich von Kleist

Die Marquise von O...
... verstehen

Erarbeitet von
Daniela Janke

Herausgegeben von
Johannes Diekhans
Michael Völkl

Bildnachweis

S. 34: © Lisa Wildmann (Marquise von O.), Sebastian Strehler (Russischer Leutnant), Silvia Armbruster (Inszenierung), Mark Noormann (Fotograf). Produktion: Theater Wahlverwandte; S. 38: © Lisa-Blue/iStockphoto.com; S. 41: © Lisa Wildmann (Marquise von O.), Sebastian Strehler (Russischer Leutnant), Silvia Armbruster (Inszenierung), Mark Noormann (Fotograf). Produktion: Theater Wahlverwandte/Foto: Mark Noormann; S. 45: INTERFOTO; S. 55: © SIPA PRESS; S. 65: akg-images GmbH; S. 66: Quelle: Historische Sammlungen der Zentral- und Landesbibliothek Berlin, Sign. XIV 16975 – 4.1784; S. 68: © bpk; S. 72, 76 o.: © picture-alliance/akg-images; S. 75: © bpk/Staatsbibliothek zu Berlin; S. 76 u.: © picture alliance/Beate Schleep; S. 86: © Lisa Wildmann (Marquise von O.), Sebastian Strehler (Russischer Leutnant), Silvia Armbruster (Inszenierung), Mark Noormann (Fotograf). Produktion: Theater Wahlverwandte/Foto: Mark Noormann; S. 92, 97: Foto: Georg Soulek/Burgtheater, Die Bilder sind im Zuge der Aufführung „Die Marquise von O." von Ferdinand Bruckner entstanden; S. 99: © ullstein bild-ullstein

Sollte trotz aller Bemühungen um korrekte Urheberangaben ein Irrtum unterlaufen sein, bitten wir darum, sich mit dem Verlag in Verbindung zu setzen, damit wir eventuell notwendige Korrekturen vornehmen können.

westermann GRUPPE

© 2017 Bildungshaus Schulbuchverlage
Westermann Schroedel Diesterweg Schöningh Winklers GmbH
Braunschweig, Paderborn

www.schoeningh-schulbuch.de
Schöningh Verlag, Jühenplatz 1 – 3, 33098 Paderborn

Das Werk und seine Teile sind urheberrechtlich geschützt.
Jede Nutzung in anderen als den gesetzlich zugelassenen Fällen bedarf der vorherigen schriftlichen Einwilligung des Verlages.
Hinweis zu § 52a UrhG: Weder das Werk noch seine Teile dürfen ohne eine solche Einwilligung gescannt und in ein Netzwerk gestellt werden.
Dies gilt auch für Intranets von Schulen und sonstigen Bildungseinrichtungen.
Für Verweise (Links) auf Internet-Adressen gilt folgender Haftungshinweis:
Trotz sorgfältiger inhaltlicher Kontrolle wird die Haftung für die Inhalte der externen Seiten ausgeschlossen. Für den Inhalt dieser externen Seiten sind ausschließlich deren Betreiber verantwortlich. Sollten Sie daher auf kostenpflichtige, illegale oder anstößige Inhalte treffen, so bedauern wir dies ausdrücklich und bitten Sie, uns umgehend per E-Mail davon in Kenntnis zu setzen, damit beim Nachdruck der Verweis gelöscht wird.

Druck A[1] / Jahr 2017
Alle Drucke der Serie A sind im Unterricht parallel verwendbar.

Umschlaggestaltung: Nora Krull, Bielefeld
Umschlagbild: © INTERFOTO/ZILL
Druck und Bindung: westermann druck GmbH, Braunschweig

ISBN 978-3-14-**022658**-5

Inhaltsverzeichnis

An die Leserin und den Leser 5

Der Inhalt im Überblick......................... 7

Die Personenkonstellation 10

Inhalt, Aufbau und erste Deutungsansätze 11

Hintergründe 64
Der zeitgeschichtliche Hintergrund 64
Die Rolle der Frau um 1800 67
Besonderheiten im Leben Kleists 71
Das Besondere an Kleists Erzählweise 77
Novellentheorie 80
Wirkung und Rezeption 82

**Die Novelle „Die Marquise von O…"
in der Schule** 84
Der Blick auf die Figuren:
Die Personencharakterisierung...................... 84
Eine literarische Figur charakterisieren –
Tipps und Techniken................................ 84
Die Marquise von O… – eine starke Frauenfigur?..... 86
Herr von G… – der Vater zwischen Tyrannei und
Schwäche 91
Frau von G… – die Mutter, die die Familie lenkt 95
Graf F… – Engel und Teufel zugleich 98

Der Blick auf den Text:
Die Textanalyse 103
Einen Textauszug analysieren –
Tipps und Techniken................................ 103

Beispielanalyse: Abschnitt 7, S. 17, Z. 1 – S.18, Z. 16 (linear) 105
Beispielanalyse: Abschnitt 5, S. 11, Z. 7 – S. 12, Z. 5 (aspektgeleitet) 110

Der Blick auf die Prüfung:
Themenfelder 116
Übersicht I: Gesellschaftskritische Aspekte der Novelle 117
Übersicht II: Besonderheiten der Erzählweise 118
Übersicht III: Kennzeichen der Novelle 119
Übersicht IV: Mögliche Untersuchungsschwerpunkte . 120
Übersicht V: Vergleichsmöglichkeiten mit anderen literarischen Werken 121

Internetadressen 122

Literatur 123

An die Leserin und den Leser

Liebe Leserin, lieber Leser,

eine skandalöse Zeitungsanzeige, eine Schwangere, die sich an den Akt der Zeugung nicht erinnern kann, und eine offensichtliche Vergewaltigung gepaart mit der Verstoßung des Opfers durch die eigene Familie – das alles steckt in der Novelle „Die Marquise von O…", und diese *Skandalschrift*, wie sie bei ihrem Erscheinen im frühen 19. Jahrhundert bezeichnet worden ist, soll von jugendlichen Leserinnen und Lesern im Deutschunterricht bearbeitet werden.

Was zunächst durch die sperrige Sprache steif und veraltet daherkommt, erweist sich bei genauerem Hinschauen als Einblick in psychologische Vorgänge und als Spiegel der Zeit, in der die Frau strengen Normen und Moralvorstellungen unterworfen war. Doch wie kann eine Witwe, die schwanger ist und noch nicht einmal weiß, von wem, in solch einer Zeit bestehen? Wird sie zum Opfer der Umstände? Oder gelingt es ihr, sich von den Zwängen der Gesellschaft zu befreien und zu sich selbst zu finden? Und ist eine solche Emanzipation in Zeiten der bürgerlichen Familie mit patriarchalischen Strukturen überhaupt möglich? Oder ist die Frau doch von Geburt an dazu verurteilt, das ihr vorherbestimmte Bild anzunehmen und auszufüllen?

Kleist führt dem Leser am Beispiel der Novelle „Die Marquise von O…" die Doppelmoral des Bürgertums und niederen Adels vor Augen, in der Unrecht davon abhängt, wer es ausübt, und in der der soziale Status darüber entscheidet, ob ein Vergehen entschuldbar ist oder nicht. Wird die eigene Tochter wegen einer unehelichen Schwangerschaft verstoßen, so wird dem Mann, der diese tugendhafte Frau vergewaltigt hat, eine Hochzeit zugesagt, da diese der gesellschaftlichen Stellung zuträglich wäre.

Doch nicht nur die Doppelmoral der Gesellschaft wird vorgeführt, Kleist präsentiert dem Leser auch Figuren, die nicht in der Lage sind, angemessen miteinander zu kommunizieren, und so sind sie in vielen Situationen, die sie überfordern, zur Sprachlosigkeit verdammt, und den einzelnen Handelnden *geht* regelmäßig *die Sprache aus*, da es ihnen nicht möglich ist, sich mit Tabuthemen, wie z. B. der Sexualität, auseinanderzusetzen. Die einzige Form des Ausdrucks bleiben die Körpersprache und körperliche Reaktionen, die den Spiegel innerer Zustände und die erfahrenen Widersprüche des Lebens darstellen.

Diese Aspekte sind nur einige Punkte des gnadenlosen Gesellschaftsporträts, das Kleist mit der Novelle „Die Marquise von O…" geschaffen hat. Durch das gewählte Kriminalschema, in dem der Text angelegt ist, wird der Leser selbst zum Ermittler und ist der Marquise beim aufmerksamen Lesen, was die Erkenntnis über den Kindsvater betrifft, weit voraus. Bei einem zweiten Lesedurchgang wird er sicher noch mehr Hinweise des Autors finden, bei dem jede noch so kleine Bemerkung große Bedeutung tragen kann und dessen Interpunktion folgenschwere Handlungen andeutet, die ganze Leben verändern, sodass der Leser u. a. mit dem wohl bekanntesten Gedankenstrich der Literatur vor die Herausforderung gestellt wird, diese und weitere Leerstellen zu erkennen, zu deuten und damit zu füllen. Es lohnt sich also, auch als Detektiv auf Spurensuche zu gehen und die Hinweise des Autors beim zweiten Lesen vollends aufzudecken und sich auch Gedanken über das eigene Leben zu machen.

In diesem Sinne viel Freude beim Lesen, Entdecken, Nachdenken und Verstehen wünscht

Daniela Janke

Der Inhalt im Überblick

In einer Zeitung erscheint eine Annonce, mit deren Hilfe eine junge Witwe, die Marquise von O…, versucht, den Vater ihres ungeborenen Kindes zu ermitteln, da sie ohne ihr Wissen schwanger geworden ist. Sie sichert dem Kindsvater in der Anzeige zu, diesen zu heiraten, sollte er sich nur zu erkennen geben.

Diese Anzeige bildet den Auftakt der im Jahre 1808 erstmals erschienen Novelle von Heinrich von Kleist. Rückblickend wird geschildert, wie es zu dieser außergewöhnlichen Handlung gekommen ist.

Die Marquise kehrt nach dem Tod ihres Mannes in ihr Elternhaus zurück, wo sie sich vorbildlich um Vater und Mutter, Herrn und Frau von G…, und die eigenen Kinder kümmert und ihre Zeit mit Handarbeiten und anderen schicklichen Dingen verbringt. Dieses Familienidyll gerät jedoch ins Wanken, als im Zuge des zweiten Koalitionskriegs[1] russische Truppen die norditalienische Stadt, in der sich das Geschehen weitgehend abspielt, erobern, wobei die Marquise beinahe von feindlichen Soldaten vergewaltigt und in letzter Sekunde von dem russischen Offizier, Graf F…, gerettet wird. Als die Marquise, von den Ereignissen überwältigt, in Ohnmacht fällt, vergeht dieser sich jedoch selbst an ihr, ohne dass diese es weiß.

Die Familie der Marquise und sie selbst sind dem Grafen zutiefst dankbar, umso schwerer trifft sie die Nachricht von dessen vermeintlichem Tod. Dementsprechend groß sind

---

[1] In der Zeit von 1792–1815 wurden unterschiedliche Kriege zwischen Frankreich, das seit dem Staatsstreich vom 9. November 1799 von Napoleon Bonaparte (1769–1821) regiert wurde, und europäischen Mächten, die unterschiedliche Koalitionen bildeten, geführt. Im zweiten Koalitionskrieg kämpften vor allem Großbritannien, Österreich und Russland auf der einen und Frankreich und die Republiken Norditaliens als Koalitionäre auf der anderen Seite. Dieses erklärt den Schauplatz der Handlung. Siehe auch Kapitel „Hintergründe", S. 64 f.

Freude und Verwunderung, als der Totgeglaubte einige Wochen später im Haus des Kommandanten Herrn von G… vorstellig wird, um um die Hand der Marquise anzuhalten, und versucht, eine Hochzeit möglichst schnell durchzusetzen. Die Familie, die über die Vehemenz und Eile in dieser Angelegenheit sehr erstaunt ist, erbittet sich Bedenkzeit und lädt ihn ein, einige Zeit in ihrem Haus zu verbringen, um sich besser kennenzulernen.

Die Marquise, die in letzter Zeit immer wieder an Schwächeanfällen und anderen körperlichen Besonderheiten leidet, befindet sich nun in großer Aufruhr, da all ihre Symptome denen einer Schwangerschaft gleichen, und so bestätigen nach Gesprächen mit der Mutter sowohl der Arzt als auch eine Hebamme den Verdacht, was die Marquise in große Verzweiflung stürzt, da sie sich ihren Zustand nicht erklären kann.

Auch wenn sie der Mutter gegenüber ihre Unschuld beteuert, erfolgt die Verstoßung aus dem Elternhaus, und die Marquise lebt nun zurückgezogen auf einem Landgut, wo sie den Entschluss fasst, ihr ungeborenes Kind gut zu versorgen, und sich allen gesellschaftlichen Konventionen zum Trotz dazu entschließt, den Kindsvater mithilfe der eingangs erwähnten Zeitungsanzeige zu ermitteln.

Als Graf F… sie auf dem Landgut aufsucht, weist sie den erneuten Heiratsantrag ab, sodass dieser, als er von der Zeitungsanzeige erfährt, sich dazu entschließt, auf diese ebenfalls anonym in Form einer weiteren Anzeige zu antworten. Auf diesem Weg verkündet er, dass er sich am Dritten mit ihr im Haus ihrer Eltern treffen wolle, um sich zu erkennen zu geben.

Als die Eltern diese Anzeige in der Zeitung lesen, ist der Vater von einer List der Tochter überzeugt. Die Mutter jedoch hat nun große Zweifel an der Schuld ihrer Tochter und reist ohne das Wissen ihres Mannes zu dem Landgut, um die Marquise auf die Probe zu stellen, woraufhin eine emotionale Versöhnung folgt. Mutter und Tochter kehren in das Haus der Familie zurück, wo sich nun auch der Vater von der Unschuld seiner Tochter überzeugen lässt. So erwartet man gemeinsam gespannt, wer sich wohl am Dritten als Vater zu erkennen geben wird.

Als nun der Graf zum vereinbarten Termin im Haus des Kommandanten erscheint, ist die Marquise geschockt und weigert sich, ihr Versprechen, den Kindsvater zu heiraten, zu halten, da er, der sie einst gerettet hat, ihr nun als Teufel erscheint. Auf Betreiben der Eltern, die in der Verbindung große soziale Vorteile sehen, findet die Hochzeit jedoch dennoch statt, es wird allerdings ein Ehevertrag aufgesetzt, in dem der Graf auf jegliche Forderungen verzichtet. Die Marquise wohnt weiterhin bei ihren Eltern und es gibt kaum Kontakt zwischen den Eheleuten.

Erst nach einem Jahr gelingt es dem Grafen schließlich, die Marquise durch stetiges und ehrliches Werben für sich zu gewinnen, und so findet eine zweite Hochzeit statt, auf die ein gemeinsames Leben mit weiteren Kindern folgt.

Die Personenkonstellation

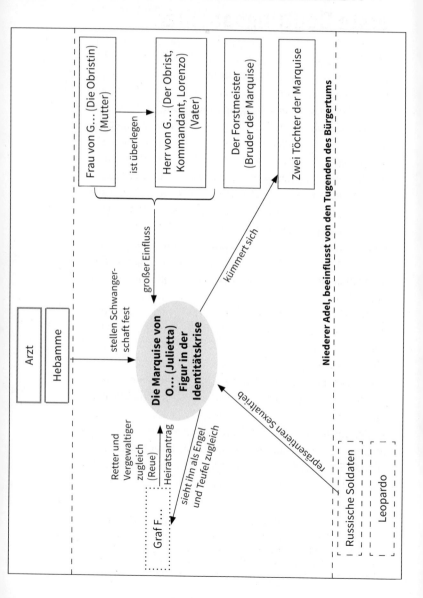

Inhalt, Aufbau und erste Deutungsansätze

Abschnitt 1 (S. 5, Z. 1 – S. 6, Z .16)[1] – Die Einführung in ein außergewöhnliches Geschehen

Kleists Novelle beginnt mit einer Anmerkung an den Leser, durch die der Eindruck erweckt werden soll, dass es sich bei der nun folgenden Erzählung um eine wahre Begebenheit handle, „deren Schauplatz vom Norden nach dem Süden verlegt" (S. 5, Z. 1 f.) worden sei. Dieser Umstand und die durchgängige Reduzierung der Städte- und Familiennamen deuten bereits an, dass den Leser nun Ereignisse erwarten, die so schwerwiegend sind, dass die Beteiligten durch die Verschleierung der Namen geschützt werden müssen. Somit erfüllt der Textbeginn im Sinne Goethes bereits zu Beginn ein entscheidendes Kriterium einer Novelle, nämlich „eine sich ereignete unerhörte Begebenheit"[2] zu beinhalten.

Reduzierung der Namen

Und tatsächlich, gleich zu Anfang wird zunächst nüchtern und sachlich berichtet, dass die Marquise von O…, eine tugendhafte Witwe „von vortrefflichem Ruf" (S. 5, Z. 4 f.), eine Zeitungsannonce aufgegeben habe, mit deren Hilfe sie den Vater ihres ungeborenen Kindes sucht, da sie ohne ihr Wissen schwanger geworden sei und aus „Familienrücksichten, entschlossen wäre" (S. 5, Z. 9 f.), ihn zu ehelichen. Diese Zeitungsanzeige konfrontiert den Leser also gleich zu Beginn mit einem außergewöhnlichen, ja aufsehenerregenden Ereignis, da die Marquise auf sehr unkonventionellem Weg versucht, eine Erklärung für ihren Zustand zu er-

Aufbau der Wie-Spannung

---

[1] Sämtliche Stellenangaben beziehen sich auf die im Literaturverzeichnis aufgeführte Textausgabe des Schöningh Verlags.
[2] Goethe im Gespräch mit Eckermann (29. Januar 1827), in: Fritz Bergemann (Hg.) (1981): Eckermann. Gespräche mit Goethe in den letzten Jahren seines Lebens. Insel Verlag: Frankfurt am Main.

halten, der einen gesellschaftlichen Affront darstellt: Eine adlige Witwe, die ihre uneheliche Schwangerschaft in aller Öffentlichkeit verkündet, muss aufgrund ihres Zustandes mit gesellschaftlicher Ächtung rechnen. Augenblicklich baut sich so eine Spannung auf, da der Leser sich fragen muss, was die Frau zu diesem Schritt bewegt und wie sie überhaupt in diese missliche Situation geraten konnte.

Kriminalschema Nach diesem unvermittelten Einstieg erfolgt eine Rückblende, wodurch der Eindruck entsteht, man begebe sich als Leser mit dem Erzähler nun auf den Weg der Aufklärung dieser seltsamen Umstände, was im Ansatz an eine Kriminalgeschichte erinnert, in der ein Verbrechen aufgeklärt wird; in diesem Fall droht dem Täter – hier dem Kindsvater, der sich der Frau ohne ihr Einverständnis genähert haben muss – jedoch keine Gerichtsverhandlung, ihn erwartet vielmehr die Vermählung mit der adligen Marquise, was direkt zu Beginn der Novelle vor Augen führt, dass dem Einhalten gesellschaftlicher Erwartungen höchste Priorität eingeräumt wird.

Die tugendhafte Marquise Die Rückblende beginnt mit einer näheren Beschreibung der Marquise, die deutlich über ihre Position innerhalb der Familie definiert wird und ihren gesellschaftlichen Verpflichtungen nachkommt: Nach dem Tod ihres Mannes ist sie mit ihren beiden Kindern auf Wunsch ihrer Mutter (!) in das Kommandantenhaus zurückgekehrt, wo sie „in der größten Eingezogenheit" (S. 5, Z. 24) bei ihren Eltern, Herrn und Frau von G…, lebt und sich „Kunst, Lektüre, [der] Erziehung, und ihrer Eltern Pflege" (S. 5, Z. 22 f.) widmet. Die Reduktion der Frau auf ihren Adelstitel, die durch das Aussparen des eigentlichen Namens erfolgt, unterstreicht die große Bedeutung ihrer Rolle innerhalb der Gesellschaft. Das Leben der Marquise ist von den Erwartungen der Gesellschaft und nicht von ihrer individuellen Bedürfnisdisposition geprägt, der Erzähler stellt sie dem Leser als tugendhaftes Wesen vor, das sich ihrer sozialen Stellung entsprechend verhält, was

Inhalt, Aufbau und erste Deutungsansätze 13

allerdings die Verwirrung über ihr unkonventionelles Verhalten in Bezug auf die Zeitungsanzeige noch verstärkt.
Der Einschnitt lässt nicht lange auf sich warten, denn bereits auf der ersten Seite wird deutlich, dass das ruhige Leben der Marquise ins Wanken gerät, da diese Harmonie nur anhält, „bis der … Krieg plötzlich die Gegend umher mit den Truppen fast aller Mächte und auch mit russischen erfüllte" (S. 5, Z. 24 ff.). Die Personifikation des Krieges und dessen besondere Hervorhebung durch die Verzögerung, die durch die Interpunktion erreicht wird, die übertriebene Beschreibung der Truppen (Hyperbel) und das bedrohliche Temporaladverb „plötzlich" unterstreichen, welche Bedrängnis und Gefahr der Krieg mit sich bringt und welch großen Einfluss er auf das Leben der Marquise haben wird. Er kann als verändernde Instanz verstanden werden, die das Leben der Menschen erschüttert und maßgebliche Veränderungen, z. B. im Wertesystem, herbeiführt.

Der Krieg als verändernde Instanz

Als die Verteidigung der Zitadelle, einer Festung innerhalb der Stadt, bevorsteht, die in der Verantwortung von Herrn von G…, dem Kommandanten, steht, fordert dieser Frau und Tochter auf, sich auf ein Landgut zurückzuziehen. Das vorangestellte *doch* in der Formulierung „Doch ehe sich die Abschätzung […] auf der Waage der weiblichen Überlegung entschieden hatte: war die Zitadelle von den russischen Truppen schon berennt" (S. 6, Z. 2–7) zeigt deutlich auf, welch schwerwiegende Folgen das Zögern der Frauen haben wird, da die weibliche Welt nun dem Krieg unterworfen wird, in dem Gräuel vorherrschen und scheinbar kein Platz für Menschlichkeit ist, weshalb auch „[d]er Obrist […] gegen seine Familie [erklärte], dass er sich nunmehr verhalten würde, als ob sie nicht vorhanden wäre" (S. 6, Z. 9 ff.). In dieser Aussage wird erneut deutlich, dass mit der veränderten äußeren Situation eine veränderte Werteorientierung einhergeht.

Veränderte Werteorientierung

Chronikartige Erzählweise

Auffällig ist bereits zu Beginn der eher sachlich-nüchterne, chronikartige Ton des Erzählers, der sich einer gehobenen Sprache bedient und so den gesellschaftlichen Kreis spiegelt, in dem die Novelle spielt. Lange und komplexe Satzstrukturen und die Verwendung indirekter Rede anstelle von direkter unterstreichen dies und erzeugen zudem den Eindruck einer eher berichtenden Darstellungsform, bei der zahlreiche Detailhandlungen in ihrer schnellen Abfolge in einem Satzzusammenhang beschrieben werden.

Der erste Abschnitt als Exposition

Insgesamt erfüllt dieser erste Abschnitt die Aufgabe einer Exposition. Der Leser wird in das Geschehen eingeführt, erfährt etwas über den Handlungsort und über zentrale Figuren und wird zudem vom Erzähler im Sinne eines auktorialen Verhaltens in die Vorgeschichte eingeführt.

Abschnitt 2 (S. 6, Z. 17 – S. 7, Z. 20) – Die Vergewaltigung der Marquise

Soldaten als animalisches Kollektiv

Als bei der Eroberung der Zitadelle ein Brand ausbricht, müssen die Frauen das Kommandantenhaus verlassen. In einem bedrohlichen Szenario wird geschildert, wie die Marquise auf der Flucht durch „eine Granate" (S. 6, Z. 23) von Mutter und Töchtern getrennt wird und die Orientierung verliert, während „die Schüsse schon, im heftigsten Kampf, durch die Nacht blitzten […] und sie […] wieder in das brennende Gebäude zurückjagten" (S. 6, Z. 27 ff.). Dort begegnet ihr „ein Trupp feindlicher Scharfschützen" (S. 6, Z. 31 f.), der sie „unter abscheulichen Gebärden […] mit sich fortführte" (S. 6, Z. 34 f.). Auffällig ist hier die Schilderung der feindlichen Soldaten, Männer niederer Stellung, die durchweg negativ gezeichnet und eng mit dem animalischen Bereich verknüpft werden: eine „Rotte" (S. 6, Z. 36), „sich untereinander selbst bekämpfend[ ]" (S. 6, Z. 35 f.), „Hunde, die nach solchem Raub lüstern waren" (S. 7, Z. 6 f.), wollen sich an ihr vergehen. Dabei werden die Soldaten als Kollektiv dargestellt, dem durch die verwendete

Tiermetaphorik die Menschlichkeit abgesprochen wird und von dem selbstverständlich eine große Bedrohung für die Frau ausgeht.

Vergeblich ruft die Marquise die anderen Frauen um Hilfe, doch sie scheint der Übermacht der gewalttätigen Soldaten ausgeliefert zu sein, bis „ein russischer Offizier erschien, [der] die Hunde [...] mit wütenden Hieben zerstreute" (S. 7, Z. 5 ff.). Die Nennung des hohen Dienstgrades hebt ihren Retter sofort von der rasenden Meute ab, und „[d]er Marquise schien er ein Engel des Himmels zu sein" (S. 7, Z. 8 f.), was einen starken Kontrast zu der Schilderung der Soldaten bildet. Ihr edler Retter, Graf F..., kümmert sich höflich um die Dame und bringt sie vermeintlich in Sicherheit, woraufhin die Marquise „völlig bewusstlos" (S. 7, Z. 16) wird.

Die Rettung vor den Soldaten durch Graf F...

Es folgt der wohl bekannteste Gedankenstrich der Literaturgeschichte, wenn Kleist schreibt: „Hier – traf er, da bald darauf ihre erschrockenen Frauen erschienen, Anstalten, einen Arzt zu rufen" (S. 7, Z. 17 f.). Die Stelle, die dem Leser beim ersten Lesen leicht entgeht, beinhaltet die bedeutungsschwere Leerstelle, in der der folgenreiche Vorfall, die Vergewaltigung der Marquise durch den Grafen, der ihr zuvor wie ein Engel vorgekommen ist, ausgespart wird. Lediglich der Bindestrich deutet das Unerhörte an, ein Ereignis, das der Erzähler offensichtlich aus Scham nicht zu benennen vermag. Graf F..., der zuvor als edler und tapferer Retter erschienen ist, lässt sich von seinen Trieben leiten und nutzt die Bewusstlosigkeit der Marquise aus. Dass dieses Verhalten eigentlich nicht seinem Wesen entspricht, zeigt sich im weiteren Verlauf der Novelle, wo er deutlich Reue zum Ausdruck bringt und versucht, sein Verhalten wiedergutzumachen. Die Umstände der Zeit, in diesem Fall der Krieg, beeinflussen bzw. verrohen ihn also so sehr, dass er als guter Mensch zu dieser moralisch verwerflichen Tat verleitet wird und sich damit letztlich nicht von den Soldaten, die er vertrieben hat, unterscheidet.

Der bedeutungsschwere Gedankenstrich

Umstände der Zeit

Die Schuld des Grafen

Neben dem Bindestrich kann der mit der Lektüre vertraute Leser bereits an dieser Stelle einen weiteren Hinweis auf das Geschehen finden: Beim Eintreffen der Frauen „versicherte [der Graf], *indem er sich den Hut aufsetzte*[1], dass sie sich bald erholen würde;" (S. 7, Z. 18 ff.). Das Aufsetzen des Hutes symbolisiert die Rückkehr zu seinem eigentlichen Ich und die Wiederherstellung einer Ordnung, die er selbst zerstört hat. Durch die Aufnahme der Kopfbedeckung wahrt er den Schein und kehrt zu seinen Manieren zurück. Die Marquise bekommt von all dem durch ihre Ohnmacht nichts mit und wird so der Verantwortung entzogen. Die Schuld der Verfehlung lastet auf dem Grafen. Im Laufe der Novelle lassen sich viele Hinweise auf diese schuldhafte Verstrickung finden, sodass dem Leser früh bewusst wird, dass der Graf der gesuchte Kindsvater ist.

Parallelen zu dem Instanzenmodell Freuds

Kleist nimmt in der Beschreibung des Verhaltens des Grafen etwas vorweg, was Sigmund Freud (1856–1939), der berühmte Wiener Arzt und Begründer der Psychoanalyse, in seinem Modell der menschlichen Persönlichkeit beschreibt. Demnach ist diese dreigeteilt, bestehend aus dem Über-Ich, dem Ich und dem Es. Das Über-Ich repräsentiert den Bereich der gesellschaftlichen Normen, die erlernt werden und von konkreten Zeitumständen abhängen. Diese Normen sind dem Menschen z. T. bewusst, z. T. bestimmen sie jedoch auch sein Verhalten, ohne dass ihm dieses bewusst ist. Das Es ist der Bereich, in dem die menschlichen Triebe und verdrängten Wünsche und Erlebnisse regieren und der weitgehend unbewusst ist. Ursprünglich ging Freud davon aus, dass diese Triebe sowohl eine positive als auch eine negative, zerstörerische Funktion haben können. Später spricht er nur noch von einem allgemeinen Triebpotenzial. Aufgabe des Ich ist es, gewissermaßen zwischen dem Über-Ich und dem Es zu vermit-

---

[1] Hervorhebung durch die Autorin zum besseren Verständnis

teln. Der Graf verändert in dem Moment sein Verhalten, als die Normen des Über-Ich ihre Gültigkeiten verlieren, nämlich in der brutalen Realität des Krieges, der er zwar zunächst noch ein humanes Verhalten entgegensetzt, welches sich dann jedoch ins Gegenteil verkehrt, indem sich seine Triebe ungeschützt Bahn brechen.

Abschnitt 3 (S. 7, Z. 21 – S. 10, Z. 15) – Die Ambivalenz des Grafen

Der Kampf des Kommandanten ist aussichtslos und so ergibt er sich erleichtert, als der russische Offizier, der „sehr erhitzt im Gesicht" (S. 7, Z. 25) aus dem Kommandantenhaus tritt, ihm diese Möglichkeit einräumt. Das erhitzte Gesicht kann dabei unverkennbar als ein Hinweis auf seine schwere Verfehlung, die Vergewaltigung der Marquise, gewertet werden, die dieser Szene unmittelbar vorausgegangen ist. Hier und an vielen anderen Stellen sind die unkontrollierten körperlichen Reaktionen ein Ausdruck der nur eingeschränkten Möglichkeiten des Menschen, frei über sich zu entscheiden, ein Menschenbild, welches in vielen Werken Kleists zutage tritt. Der Versuch, die Tat zu verdrängen, misslingt.

Dem Kommandanten gegenüber, der gleichzeitig der Vater der Marquise und somit des Opfers seiner frevelhaften Tat ist, tritt er nun großmütig gegenüber und erteilt ihm die Erlaubnis, sich sofort um seine Familie kümmern zu dürfen (vgl. S. 7, Z. 28 ff.). Der russische Graf geht hier also augenscheinlich wohlwollend und milde mit dem ihm Unterlegenen um, was ihn beim ersten Lesen großmütig und ehrenhaft wirken lässt. Im Nachhinein kann dieses Verhalten aber zusätzlich als Ausdruck seines schlechten Gewissens und als Versuch, einen Ausgleich für den Missbrauch zu schaffen, gewertet werden.

Auch im Folgenden zeigt er sich heldenhaft und sorgt unter dem Einsatz seines Lebens dafür, dass nicht noch mehr

Unkontrollierbare körperliche Reaktionen

Einschränkung der Freiheit des Menschen – oft gewähltes Menschenbild Kleists

Das Verhalten des Grafen als Ausdruck des schlechten Gewissens

Menschen zu Schaden kommen: Er löscht eigenhändig „mitten unter brennenden Giebeln" (S. 8, Z. 9) und beseitigt andere Gefahren. Er setzt sich also furchtlos für die anderen ein und versucht, den Schaden so gering wie möglich zu halten, und vollbringt dabei „Wunder der Anstrengung" (S. 8, Z. 6 f.), was seine Stärke und seine offensichtlich zurückgewonnene Tugend – man könnte auch vom Rückgewinn seiner ursprünglichen Über-Ich-Normen sprechen – unterstreicht. Der große Einsatz des Grafen wirkt in den Schilderungen schon beinahe übermenschlich, was den Verdacht nahelegt, dass er im Allgemeinen Wiedergutmachung für seinen Fehltritt leisten will und von seinem schlechten Gewissen getrieben wird. Auch im weiteren Verlauf der Novelle versucht er, mit allen Mitteln seine Schuld zu begleichen, sodass vordergründig die positiven Züge dieser Figur überwiegen.

Die Marquise sieht Graf F... als Retter

Während dieser Vorgänge erfährt der Kommandant von dem Überfall der Soldaten auf seine Tochter und deren Rettung durch den Offizier und gerät in „äußerste Bestürzung" (S. 8, Z. 15), was rückblickend die große Tragweite der Ereignisse unterstreicht. Die Marquise, die sich derweil wieder erholt hat, äußert den Wunsch, „ihrem Retter ihre Dankbarkeit zu bezeugen" (S. 8, Z. 22 f.). Sie scheint also nichts von dem folgenschweren Vorfall mitbekommen zu haben und möchte nun ihrem Retter danken, der gleichzeitig auch Täter ist. Die Bitte, ihm danken zu dürfen, erscheint vor diesem Hintergrund geradezu grotesk und zieht zwangsläufig eine entsprechende Bewertung durch den informierten Leser nach sich.

Ehrenhaftes Auftreten des Grafen

Der Kommandant möchte dem Wunsch seiner Tochter nachkommen und trägt dem Grafen, der noch immer mit den Folgen des Kampfes beschäftigt ist, das Anliegen vor. Dieser versichert ihm, „dass er nur auf den Augenblick warte, den er seinen Geschäften würde abmüßigen können, um ihr seine Ehrerbietigkeit zu bezeugen" (S. 8, Z. 34 – S. 9,

Z. 1), und er erkundigt sich nach dem Befinden der Marquise. Zudem „bezeugte [er] dem Kommandanten seine Hochachtung" (S. 9, Z. 6 f.) und räumt ihm „auf sein Ehrenwort" (S. 9, Z. 8 f.) die Freiheit ein, sich trotz der Niederlage frei bewegen zu dürfen. Erneut entsteht hier das Bild eines großmütigen und ehrenvollen Mannes, der seinem Gegner, der nun besiegt ist, fair und auf Augenhöhe gegenübertritt. Als der General der russischen Truppen von dem Überfall der Soldaten auf die Marquise und deren Rettung durch den Grafen erfährt, „zeigte er sich auf das Äußerste entrüstet" (S. 9, Z. 16) von diesem verurteilungswürdigen Vorfall und hält eine Lobrede auf den Grafen, „wobei der Graf über das ganze Gesicht rot ward" (S. 9, Z. 19 f.). Auch an dieser Stelle ist die Beschreibung der Gesichtsfarbe des Grafen als nicht steuerbares Zeichen seiner Schuld zu werten, da ihm die Schamesröte ins Gesicht steigt. Sein schlechtes Gewissen zeigt sich weiterhin in seinem Verhalten auf die Aufforderung, die Namen der Soldaten zu nennen, die sich an der Marquise vergreifen wollten. Er sucht Ausflüchte, um die Namen nicht nennen zu müssen, da er selbst sich der Tat schuldig gemacht hat, die zu begehen er ebendiese gehindert hat.

Schuldgefühle des Grafen

Die „ganze Rotte" (S. 10, Z. 6) wird aber dennoch ausfindig gemacht und auf Anweisung des Generals erschossen, was die Schwere des Vergehens vor Augen führt. Dass auch ein Adliger, wie in diesem Fall der Graf, sich eines solch verwerflichen Verbrechens schuldig macht, ist dabei gesellschaftlich undenkbar, Kleist begeht hier also einen Tabubruch. Während die Soldaten schon wegen des bloßen Versuchs der Vergewaltigung hingerichtet werden, wird der Graf am Ende der Novelle mit der Marquise vermählt, was eine kritische Sicht des Autors auf die Gesellschaft offenbart.

Gesellschaftskritik Kleists – Tabubruch

Als der General den Befehl zum Aufbruch erteilt, nutzt der Graf die Gelegenheit, sich der Begegnung mit der Marquise zu entziehen, und gibt an, „dass er sich der Frau Marquise, unter diesen Umständen, gehorsamst empfehlen müsse" (S. 10, Z. 13 f.), sodass er nicht in die unangenehme Situation kommt, ihren persönlichen Dank empfangen zu müssen, der ihm seine Verfehlung, die ihn schwer belastet und die er offensichtlich durch sein Verhalten zuvor auszugleichen versuchte, schmerzlich vor Augen geführt hätte.

Abschnitt 4 (S. 10, Z. 16 – S. 11, Z. 6) – Der vermeintliche Tod des Grafen

Schussverletzung veranschaulicht moralische Verfehlung des Grafen

Während die Marquise und ihre Familie einige Tage später noch immer entschlossen sind, dem Grafen ihren Dank für ihre Rettung zu erweisen, ereilt sie die Nachricht, dass dieser „noch am Tage seines Aufbruchs aus dem Fort" (S. 10, Z. 19 f.) in einem Gefecht umgekommen sei, was die Marquise in große Bestürzung versetzt. Weitere Nachforschungen ergeben, dass der Graf den tödlichen Schuss mit dem Ausruf „,Julietta! Diese Kugel rächt dich!'" (S. 10, Z. 30 f.) kommentiert habe. Dem aufmerksamen Leser ist spätestens beim zweiten Lesedurchgang bewusst, dass diese Aussage als Schuldeingeständnis gewertet werden kann und der Graf die Kugel als Strafe für sein Vergehen sieht, was durch den zeitlichen Rahmen noch unterstrichen wird, da die Kugel ihn noch an dem Tag trifft, an dem er den Ort, an dem er Schuld auf sich geladen hat, verlassen hat. Auch wenn sich im weiteren Verlauf der Novelle herausstellen wird, dass Graf F... nicht umgekommen ist, so veranschaulicht sein angeblicher Tod den moralischen Tod des Grafen in der Ausnahmesituation des Krieges, in der er zu dieser Tat verleitet worden ist. Er selbst bereut diese Verfehlung zutiefst und empfindet die Schussverletzung als gerechte Strafe.

Der Marquise ist dieser Zusammenhang natürlich nicht klar, sie geht vielmehr davon aus, dass seine letzten Worte einer „Namensschwester, an die er noch im Tode gedacht hatte" (S. 11, Z. 2 f.), gegolten haben, und versucht sogar –

natürlich vergeblich –, diese ausfindig machen zu lassen, um sie über seinen Tod informieren zu können.

An dieser Stelle erfährt der Leser den Vornamen der Marquise, der vom Erzähler zuvor stets ausgespart worden ist. Auch im weiteren Verlauf der Novelle wird der Name Julietta, der stark an die tragischen Liebenden in William Shakespeares (1564–1616) Drama „Romeo und Julia" erinnert, nur an wenigen Stellen genannt. Der Erzähler selbst tritt überwiegend nur als Berichterstatter in Erscheinung und spart Persönliches und Gefühle weitestgehend aus, dazu gehört auch die konsequente Aussparung der vollständigen Namen der Figuren, wobei die Vornamen generell nur von den anderen Figuren verwendet werden, nie von dem Erzähler selbst.

Erzähler als Berichterstatter

Nach der Botschaft über den Tod des Grafen dauert es noch einige Monate, bis die Marquise „selbst ihn vergessen konnte" (S. 11, Z. 6) und somit auch den Vorfall am Tage der Eroberung, der ihr weitgehend unbewusst ist und für sie so große Folgen, nämlich die außereheliche Schwangerschaft, haben wird.

Abschnitt 5 (S. 11, Z. 7 – S. 12, Z. 5) – Erste Anzeichen der Schwangerschaft

Da die Familie das Kommandantenhaus für den russischen Befehlshaber räumen muss, bezieht sie ein Haus in der Stadt, auch wenn die Marquise lieber eines der Landgüter bewohnt hätte (vgl. S. 11, Z. 9–11). Weil „der Obrist das Landleben nicht liebte" (S. 11, Z. 11 f.), wird diesem Wunsch aber nicht nachgekommen, und so fügt die Marquise sich wieder in das von ihr erwartete Rollenbild ein. An dieser Stelle wird die Abhängigkeit der Tochter vom Vater deutlich, die sich ihm unterordnet und eigene Bedürfnisse zurückstellt. Sie widmet sich wieder ihren häuslichen Pflichten und „[a]lles kehrte nun in die alte Ordnung der Dinge zurück" (S. 11, Z. 14 f.). Die Stadt kann dabei als Verbildli-

Dominanz des gesellschaftlichen Rollenbildes der Frau

chung des engen Korsetts verstanden werden, das der jungen Frau durch die Erwartungen und Konventionen der Gesellschaft angelegt wird. Ihr Hang zum Landleben kann dementsprechend als unbewusste Sehnsucht nach Freiheit und Leichtigkeit aufgefasst werden.

Erste Anzeichen der Schwangerschaft

Während die Marquise vorbildlich die Rolle der Frau, die sich rührend um ihre Kinder kümmert und sich den Künsten widmet, erfüllt, stellen sich erste Anzeichen der Schwangerschaft ein; sie leidet „an Übelkeiten, Schwindeln und Ohnmachten" (S. 11, Z. 21 f.), „die sie ganze Wochen lang, für die Gesellschaft untauglich machten" (S. 11, Z. 20 f.). Sie selbst kann diesen „sonderbaren Zustand" (S. 11, Z. 23) nicht deuten, äußert ihrer Mutter gegenüber jedoch, dass sie, „[w]enn [ihr] eine Frau sagte, dass sie [so] ein Gefühl hätte" (S. 11, Z. 27 f.), denken würde, „dass sie in gesegneten Leibesumständen wäre" (S. 11, Z. 29 f.). Auf Nachfrage ihrer Mutter führt sie weiter aus, dass ihr Befinden dem in ihrer zweiten Schwangerschaft ähnele, worauf „Frau von G… sagte, sie würde vielleicht den Phantasus gebären" (S. 11, Z. 34 f.), und die Marquise weiter scherzt, „Morpheus wenigstens" (S. 11, Z. 35). Phantasus und Morpheus sind in Ovids[1] Dichtung „Metamorphosen" Söhne des Schlafgottes. Die Witzeleien der Frauen sind also gleichzeitig eine Vorausdeutung auf das in tiefer Ohnmacht empfangene Kind. Das Gespräch bricht ab, als der Vater der Marquise den Raum betritt, und da es ihr bald besser geht, werden diese Empfindungen nicht weiter beachtet.

Abschnitt 6 (S. 12, Z. 6 – S. 16, Z. 35) – Der Heiratsantrag des tot geglaubten Grafen

Überraschender Heiratsantrag

Die Verwunderung der Familie ist groß, als nach einiger Zeit der tot geglaubte Graf F… als Besucher angekündigt wird, der sich auf einer dienstlichen Reise nach Neapel befindet

---

[1] antiker römischer Dichter (43 v. Chr. – 17 n. Chr.)

und nun unbedingt die Marquise sehen möchte. „[S]chön, wie ein junger Gott, ein wenig bleich im Gesicht" (S. 12, Z. 15 f.) betritt er den Raum. Diese Beschreibung verdeutlicht zum einen die Anziehungskraft des Grafen, die die Marquise nie verbalisieren würde, zum anderen kann die Gesichtsblässe als Zeichen der großen Last seines Gewissens gedeutet werden. So wendet er sich auch „mit vieler Rührung im Gesicht" (S. 12, Z. 20) an die Marquise und erkundigt sich nach ihrem Befinden und stellt fest, dass „auf ihrem Antlitz […] sich eine seltsame Mattigkeit aus[drücke]; ihn müsse alles trügen, oder sie sei unpässlich, und leide" (S. 12, Z. 25 f.). Seine aufmerksamen Beobachtungen lassen sich auf seine Vermutung zurückführen, dass der Vorfall am Tag der Eroberung nicht ohne Folgen geblieben ist, und so sieht er diesen Verdacht auch bestätigt, als die Marquise einräumt, vor ein paar Wochen unter „einer Kränklichkeit" (S. 12, Z. 29) gelitten zu haben, woraufhin er ihr „mit einer aufflammenden Freude" (S. 12, Z. 32) einen Heiratsantrag macht. Dem Grafen ist also schon jetzt klar, dass die Marquise ein Kind von ihm erwartet, und er möchte nun alles dafür tun, um sie zu einer ehrhaften Frau zu machen, und Verantwortung für sein Handeln übernehmen, auch wenn er noch nicht bereit dazu ist, seine Schuld vor ihr einzugestehen. Die Schwangerschaft scheint ihn sogar zu erfreuen, und somit wirkt sein Wunsch nach einer Vermählung aufrichtig.

Graf F… erahnt die Schwangerschaft

Die Marquise ist von dem Antrag des Grafen überrascht und beschämt, was sich in ihrem Erröten zeigt (vgl. S. 12, Z. 35), und auch ihre Eltern sind verlegen und wissen nicht recht, wie sie auf diese unerwartete Entwicklung reagieren sollen. Anstelle einer Antwort bietet der Kommandant dem Grafen an, sich zu setzen, und fragt ihn nach den Umständen, die es dem Totgeglaubten ermöglichten, ihnen diesen Besuch abzustatten.

Der Graf berichtet nun, dass er schwer verwundet worden sei und „mehrere Monate daselbst an seinem Leben ver-

Gefühlsausbruch des Grafen

zweifelt hätte" (S. 13, Z. 11 f.). Diese Verzweiflung ist als Ausdruck seines schlechten Gewissens zu werten, da er sich seiner Schuld bereits kurz nach dem Vergehen bewusst gewesen ist (vgl. Abschnitte 3 und 4). Es folgt eine lange Aufzählung von Gedanken und Empfindungen. Kleist verwendet hierbei dass-Konstruktionen, die in ihrer Aneinanderreihung die Emotionen zum Ausdruck bringen; die Empfindungen sprudeln nur so aus dem Grafen heraus. Dies ist eine der wenigen Stellen der Novelle, in der deutlich Gefühlsregungen zum Vorschein kommen, auch wenn der Erzähler an dieser Stelle seine sachlich-distanzierte Haltung beibehält. In seinen Ausführungen liefert der Graf viele Hinweise auf seine Schuld, was zum Beispiel in der Aussage deutlich wird, „dass währenddessen die Frau Marquise sein einziger Gedanke gewesen wäre; dass er die Lust und den Schmerz nicht beschreiben könnte, die sich in dieser Vorstellung umarmt hätten" (S. 13, Z. 12 ff.). Mehrere Male habe er ihr schreiben wollen, um „seinem Herzen Luft zu machen" (S. 13, Z. 20 f.), und er müsse mit „seiner Seele ins Reine" (S. 13, Z. 26 f.) kommen. Obwohl sich ihm nun von Angesicht zu Angesicht die Gelegenheit bietet, sein Gewissen zu erleichtern und die Marquise über die Vorfälle und damit auch über die Schwangerschaft aufzuklären, nutzt er sie nicht. Seine Tat ist noch immer zu unaussprechlich, und so wiederholt er stattdessen seinen Antrag und fügt in einer Klimax hinzu, „dass er auf das Ehrfurchtvollste, Inständigste und Dringendste bitte, sich ihm hierüber gütig zu erklären" (S. 13, Z. 31 ff.).

Indirektes Schuldgeständnis des Grafen

Der Familie ist diese Dringlichkeit nicht bewusst, denn sie ahnt nichts von dem Vergehen des Grafen an der Marquise, und so erbittet der Kommandant Bedenkzeit, da die Marquise eigentlich keine zweite Vermählung eingehen wolle. Auf diese Bitte entgegnet der Graf, „dass dringende Verhältnisse jedoch, über welche er sich näher auszulassen nicht imstande sei, ihm eine bestimmtere Erklärung äußerst wünschenswert machten" (S. 14, Z. 12 ff.). Spätestens mit dieser Aussage des Grafen wird dem Leser bewusst, dass er der Vater des Kindes ist, auch wenn er noch immer nicht in der Lage ist, die Zusammenhänge aufzuklären. Die ganze Situation wirkt schon beinahe grotesk, wenn der Vater darauf besteht, dass sie sich erst näher kennenlernen müssten (vgl. S. 14, Z. 25 ff.), obwohl die Vereinigung – wie der Leser durch die vorangestellte Annonce und das Verhalten des Grafen weiß – doch schon längst erfolgt ist. Man müsse Erkundigungen über ihn einziehen, sagt der Obrist, woraufhin der Graf preisgibt, „dass die einzige nichtswürdige Handlung, die er in seinem Leben begangen hätte, der Welt unbekannt, und er schon im Begriff sei, sie wiedergutzumachen; dass er, mit einem Wort, ein ehrlicher Mann sei" (S. 15, Z. 4 ff.). Der Obrist ahnt nicht, dass mit dieser Wiedergutmachung der Heiratsantrag gemeint ist, was den grotesken Eindruck weiter unterstreicht, und führt aus, dass er ein gutes Bild vom Grafen habe, die Familie sich aber erst beraten müsse (vgl. S. 15, Z. 9 ff.).

Der Graf unternimmt einen letzten Versuch, die Entscheidung zu beschleunigen, und bietet an, die Reise nach Neapel aufzuschieben (vgl. S. 16, Z. 5 ff.), was ihn dienstlich sicher in Schwierigkeiten bringen würde, wodurch noch einmal verdeutlicht wird, wie wichtig ihm sein Anliegen ist. Die Mutter der Marquise fordert ihn daraufhin auf, die Reise anzutreten und ihnen anschließend für einige Zeit einen Besuch abzustatten (vgl. S. 16, Z. 12 ff.), weshalb der Graf beschließt, die Eilnachricht, die er nach Neapel bringen soll, ins Hauptquartier zurückzuschicken und, statt die Reise anzutreten, für einige Wochen „Gast dieses Hauses zu sein" (S. 16, Z. 23), was noch einmal aufzeigt, wie wichtig ihm die Einwilligung ist, da sein angedachtes Handeln große dienstliche Konsequenzen nach sich ziehen würde.

Inkaufnahme dienstlicher Konsequenzen

Abschnitt 7 (S. 17, Z. 1 – S. 18, Z. 24) – Die Entschlossenheit des Grafen

Reaktion der Familie auf das Verhalten des Grafen

Nachdem der Graf die Familie verlassen hat, um alle nötigen Vorkehrungen für seinen Aufenthalt bei ihr zu treffen, zeigen sich die Eltern der Marquise höchst verwundert über dessen Vorhaben, seine dienstlichen Pflichten zu vernachlässigen, „bloß, weil es ihm nicht gelungen wäre, […] in einer fünf Minuten langen Unterredung, von einer ihm ganz unbekannten Dame ein Jawort zu erhalten" (S. 17, Z. 5 ff.). Als der Forstmeister, der Bruder der Marquise, die Folgen eines solchen Handelns skizziert, ist die Mutter sehr betroffen und möchte „ihn von einer so unglückdrohenden Handlung" (S. 17, Z. 19 f.) abhalten. Man diskutiert innerhalb der Familie, wie man also auf das Verhalten des Grafen reagieren soll, wobei Vater und Sohn das Vorhaben zunächst für ein Manöver halten, um schnell die Einwilligung der Familie zu bekommen, da der Graf „Damenherzen durch Anlauf, wie Festungen, zu erobern gewohnt scheine"

Ironische Darstellung

(S. 17, Z. 28 f.). Der gewählte Vergleich aus dem militärischen Bereich ist dabei besonders interessant, da dem Leser hier auf ironische Weise noch einmal die Ereignisse bei der Stürmung der Festung bewusst gemacht werden, bei der sich der Graf tatsächlich nicht nur der Festung, sondern auch der Marquise bemächtigt hat.

Soziale Rangordnung

Als sie erfahren, dass der Graf das Haus gar nicht verlassen hat, sondern in den Kammern des Dienstpersonals Briefe schreibt, eilen der Kommandant und sein Sohn zu ihm, und der Kommandant bietet ihm seine Räumlichkeiten an, „da er ihn auf dazu nicht schicklichen Tischen seine Geschäfte betreiben sah" (S. 18, Z. 4 f.). Zudem fragt er ihn, „ob er sonst irgendetwas befehle" (S. 18, Z. 5 f.). In dem Verhalten des Kommandanten spiegelt sich deutlich die Rangordnung der Männer wider, die für die bürgerliche und adlige Gesellschaft von höchster Bedeutung ist. Der Graf ist als Vertreter des höheren Adels dem Kommandanten und auch der Marquise übergeordnet, was sich in der Reaktion des Kommandanten an dieser Stelle deutlich zeigt. Neben der Stellung der Frau in der Gesellschaft liefert Kleist also ein umfassendes Bild der sozialen Verhältnisse seiner Zeit um 1800, in der das Einhalten von Konventionen dominiert.

Der Kommandant unternimmt nun doch noch einen Versuch, den Grafen von seinem Vorhaben, die Dienstreise zu verschieben, abzubringen, da er es kaum glauben kann, dass Graf F... tatsächlich bereit ist, ein solches Risiko einzugehen: „Herr Graf, wenn Sie nicht sehr wichtige Gründe haben – " (S. 18, Z. 13 f.). Sofort fällt ihm der Graf mit dem Ausruf „Entscheidende!" (S. 18, Z. 14) ins Wort und zeigt so noch einmal seine Entschlossenheit, auch wenn er seine Beweggründe nicht offenlegt. Durch die Voranstellung der Zeitungsannonce, in der die Marquise den Vater ihres ungeborenen Kindes sucht, hat der Leser einen Wissensvorsprung gegenüber den Figuren und weiß das Verhalten des Grafen zu deuten, sodass die Frage der Vaterschaft für ihn bereits geklärt ist. Dem Leser stellt sich nun vielmehr die Frage, ob es dem Grafen gelingt, die Familie von der Hochzeit zu überzeugen, und ob und wie er seine Täterschaft preisgibt.

Wissensvorsprung des Lesers

Andeutungen über die Vaterschaft des Grafen

- der bedeutungsvolle Gedankenstrich: „Hier – traf er […]" (S. 7, Z. 17)
- sein erhitztes Gesicht beim Verlassen des Hauses als nicht kontrollierbare Reaktion seines Körpers (vgl. S. 7, Z. 25)
- seine verlegene Reaktion auf das Lob wegen der Rettung der Marquise und der Weigerung, die Namen der Täter zu nennen, die die Marquise bedroht haben (vgl. S. 9, Z. 16 ff.)
- der Ausruf „Julietta! Diese Kugel rächt dich!" (S. 10, Z. 30 f.) als Schuldeingeständnis
- der Heiratsantrag (vgl. Abschnitt 6) und der Hinweis auf dringende Umstände, die zur Eile rufen (vgl. S. 14, Z. 12 ff.)
- die Schilderung seines Zustands nach der Verwundung, in der deutlich wird, dass er nur an die Marquise denken konnte (vgl. S. 13, Z. 11 f.)
- Hinweise darauf, dass er sein Gewissen erleichtern muss (vgl. S. 13, Z. 26 ff.)
- seine Aussage, dass er im Begriff sei, „die einzige nichtswürdige Handlung, die er in seinem Leben begangen hätte" (S. 15, Z. 4 ff.), wiedergutzumachen
- seine Bereitschaft, durch das Verschieben der Dienstpflicht in Ungnade zu fallen, um so schneller die Einwilligung zur Vermählung zu erhalten (vgl. Abschnitt 7)

Aus dem Verhalten des Grafen lässt sich eindeutig ableiten, dass er sich an der Marquise vergangen hat und er somit der Vater des ungeborenen Kindes ist.

Abschnitt 8 (S. 18, Z. 25 – S. 23, Z. 21) – Gespräche innerhalb der Familie und ein unverbindliches Zugeständnis

Passivität des Vaters

Nachdem der Graf die Gästezimmer der Familie bezogen hat und sich nun außer Haus aufhält, findet innerhalb der Familie ein Gespräch über das Verhalten des Brautwerbers statt. Der Bruder der Marquise äußert dabei den Verdacht, dass das Verhalten des Grafen überlegt und geplant sei, und er vermutet so indirekt einen tieferen Grund für sein Werben (vgl. S. 19, Z. 2 ff.). Der Kommandant möchte dieses Thema nicht vertiefen und zeigt sich insgesamt schweigsam und passiv.

Die Mutter der Marquise scheint sich dagegen sehr mit dem Thema zu beschäftigen und sich ernsthafte Sorgen um den Grafen zu machen, der durch sein dienstliches Verhalten Konsequenzen zu befürchten hat, was auch seine soziale Stellung beeinflussen würde. Ihre Unruhe zeigt sich daran, dass sie „alle Augenblicke aus dem Fenster" (S. 19, Z. 10) sieht und sein Erscheinen erwartet. Generell scheint sie sehr interessiert an dem Thema zu sein und so fragt sie die Tochter, „was aus dieser Sache werden solle" (S. 19, Z. 16). Die Marquise erfüllt unterdessen auch hier wieder die ihr zugedachte Rolle; sie arbeitet „mit vieler Emsigkeit, an einem Tische" (S. 19, Z. 13f.) und antwortet ihrer Mutter nur ausweichend „mit einem schüchtern nach dem Kommandanten gewandten Blick" (S. 19, Z. 17), ohne dabei ihre eigenen Gedanken und Gefühle zu offenbaren. Sie scheint sich streng in die Tochterrolle zu fügen und sich ihrem Vater, der innerhalb der Familie die dominante Rolle spielt, unterzuordnen. Eine Verbalisierung ihrer Gefühle verbietet ihr dabei ihr Schamgefühl.

Rollenkonforme Zurückhaltung der Marquise

Als der Graf spät zurückkehrt, führt die Familie mit ihm während des Essens verschiedene Gespräche, ohne dass sich ihr die Möglichkeit bietet, ihn noch einmal zur Vernunft zu rufen. Stattdessen redet man über männlich dominierte Themen wie Krieg und Jagd, bis die Mutter sich nach „der Geschichte seiner Krankheit" (S. 19, Z. 37) erkundigt, woraufhin der Graf mehr über sich preisgibt, als den Familienmitgliedern bewusst ist: Er offenbart, dass die Marquise in seiner Vorstellung immer „an seinem Bette gesessen hätte" (S. 20, Z. 2f.) und sie ihn dabei im Fiebertraum oft an einen Schwan erinnert habe, den er als Kind „einst mit Kot beworfen, worauf dieser still untergetaucht, und rein aus der Flut wieder emporgekommen sei" (S. 20, Z. 7ff.). Die im Fiebertraum entstandene und deshalb weitgehend unbewusste Verbindung der Frau, an der er sich vergangen hat, mit dem Schwan hat hier eine besondere Bedeutung. Der

Schwanensymbol
– indirektes Schuldeingeständnis

Schwan gilt als Symbol der Reinheit und Unschuld. Dass er nun die Marquise mit dem Tier in Verbindung bringt, das er einst mit Dreck beworfen hat, offenbart hier eindeutig seine Schuld, denn er hat die Reinheit und Unschuld der Marquise befleckt, als er sich ihrer bemächtigt hat. Wie sehr er seine Tat bereut und die Aufrichtigkeit seines Werbens werden anschließend deutlich, als er seine Schilderungen abrupt „blutrot im Gesicht" mit der Aussage, „dass er sie außerordentlich liebe" (S. 20, Z. 15), beendet. So wie sich im Fiebertraum, den er nicht kontrollieren kann, sein Unbewusstes meldet, reagiert sein Körper, ohne dass er diese Reaktion steuern könnte.

Mutter als Gesprächsführerin

Nach dem Essen zieht der Graf sich in sein Zimmer zurück, woraufhin sich noch einmal ein Gespräch innerhalb der Familie entwickelt, wobei die Mutter die Gesprächsführerin ist, die ihre Tochter noch einmal um eine Einschätzung bittet (vgl. S. 20, Z. 24). Die Marquise lässt sich jedoch zu keiner Äußerung über den Grafen als Mann verleiten, sondern führt lediglich an, dass sie einst den Entschluss gefasst habe, sich nicht ein zweites Mal zu vermählen (vgl. S. 20, Z. 30 f.). Die Mutter intensiviert daraufhin ihre Bemühungen und gibt zu bedenken, dass „sein Antrag, nach ihrer Meinung, einige Rücksicht, und der Entschluss der Marquise Prüfung verdiene" (S. 21, Z. 2 ff.).

Die Marquise als über die Familie definiertes Individuum

Als der Bruder sie noch einmal nach ihrem Eindruck fragt, antwortet sie „mit einiger Verlegenheit: Er gefällt und missfällt mir; und berief sich auf das Gefühl der anderen" (S. 21, Z. 6 ff.). An dieser Stelle wird besonders deutlich, dass die Marquise klar über die Familie definiert wird; sie gibt ihre eigenen Gefühle nicht preis, ordnet sich völlig unter und verbirgt eigene Emotionen. Erst auf weitere Bemühungen der Mutter hin lässt sie sich zu der Aussage hinreißen, dass sie ihm „diese Wünsche [...] um der Verbindlichkeit willen, die ich ihm schuldig bin, erfüllen" (S. 21, Z. 14 ff.) würde. Auch diese Aussage erscheint förmlich und steif. Ihre Verlegenheit (vgl. S. 21, Z. 6) und die glänzenden Augen (vgl. S. 21, Z. 15) verraten dem Leser aber eindeutig, dass sie sich über die Verbindung freuen würde und dem Grafen sehr zugetan ist, was auch nicht weiter verwunderlich ist, da sie ihn zuvor bereits als ihren Retter und damit als „Engel des Himmels" (S. 7, Z. 8) wahrgenommen hat. Trotz ihrer Verliebtheit zeigt sie sich also passiv und überlässt der Familie die Entscheidung, was deutlich die Strukturen innerhalb dieser Familie widerspiegelt.

Nach diesem Eingeständnis der Marquise hat die Mutter „Mühe, ihre Freude über diese Erklärung zu verbergen" (S. 21, Z. 18 f.), da sie immer eine zweite Eheschließung der Tochter befürwortet hat, was auch ihre forsche Gesprächsführung erklärt, denn sie ist diejenige, die wiederholt nachfragt und nun vorschlägt, dem Grafen bis zu seiner Rückkehr zu versichern, dass die Marquise „in keine andere Verbindung eingehen" (S. 21, Z. 34 f.) wird, um diesen so dazu zu bewegen, seine Reise doch noch anzutreten und die befürchteten dienstlichen Konsequenzen zu vermeiden. Es ist davon auszugehen, dass die Mutter dabei weitsichtig einen möglichen gesellschaftlichen Aufstieg der Tochter im Auge hat, der durch das Handeln des Grafen nicht gefährdet werden soll. Erst als diese Mitteilung an den Grafen schon beschlossen ist, wendet sie sich noch an ihren Mann, der das ganze Gespräch über sehr passiv und ruhig ist und nachdenklich aus dem Fenster schaut (vgl. S. 22, Z. 2 f.). Es scheint der Wunsch ihres Mannes gewesen zu sein, dass die Marquise keine weitere Ehe eingeht, denn er reagiert nun, als habe er eine Niederlage erfahren, als er seine Zustimmung gibt: „Nun so macht! Macht! Macht! […] ich muss mich diesem Russen schon zum zweiten Mal ergeben!" (S. 22, Z. 6 ff.) Seine Unterlegenheit gegenüber dem Grafen ist deutlich zu spüren und er drückt den Verlust seiner Tochter an den Grafen aus, indem er den Verlust der Festung mit der Eheschließung gleichsetzt. Seine Frau dage-

Brüchigkeit der Familienstruktur – Machtstellung der Mutter

gen ist überschwänglich vor Freude, da sie ihr Ziel erreicht hat. Die Strukturen innerhalb der Familie sind also umgekehrt, nicht der Vater trifft die Entscheidungen, sondern seine Frau setzt durch gezielte Beeinflussung und Gesprächsführung ihre Ziele durch und untergräbt so die Machtstellung des Vaters, was letztlich die Brüchigkeit dieser Familienstruktur zeigt.

Reaktion des Grafen auf das Zugeständnis

Der Graf nimmt das Zugeständnis der Familie erleichtert auf und beteuert, dass sie zu nichts verpflichtet sei, „wenn die Erkundigungen [...] dem Gefühl widersprechen, das [ihn] in dies Zimmer zurückberief" (S. 22, Z. 27 ff.). Er wirkt ehrlich um die Eheschließung bemüht und ist nun bereit, seine Dienstreise anzutreten. Mit einer vertraulichen Geste verabschiedet er sich von der Marquise und sagt, dass er nun „einigermaßen beruhigt" (S. 23, Z. 12) sei, auch wenn ihm eine schnelle Vermählung lieber wäre. Auf die wiederholte Verwunderung der Familie über diesen Wunsch entgegnet er, „es würde ein Tag kommen, wo sie ihn verstehen würde[n]!" (S. 23, Z. 17 f.). Er liefert also eine weitere Andeutung auf die Schwangerschaft der Marquise, die der Familie im Gegensatz zum Leser zu diesem Zeitpunkt noch nicht bekannt ist.

Abschnitt 9 (S. 23, Z. 22 – S. 24, Z. 32) – Die Bestätigung der Schwangerschaft durch den Arzt

Schwangerschaft als Bedrohung

Nachdem einige Wochen vergangen sind, in der die Familie durch die positiven Erkundigungen über den Grafen „die Verlobung schon so gut, wie abgemacht" (S. 23, Z. 28 f.) ansieht, stellen sich bei der Marquise wieder gesundheitliche Probleme ein und sie bemerkt sogar „eine unbegreifliche Veränderung ihrer Gestalt" (S. 23, Z. 31 f.). Diese Veränderungen stellen für sie eine große Belastung dar, da sie sich diese nicht erklären kann, sodass sie sich „mit völliger Freimütigkeit ihrer Mutter [offenbart], und sagte, sie wisse nicht, was sie von ihrem Zustand denken solle" (S. 23,

Z. 32 ff.). Das Wort *Freimütigkeit* lässt vermuten, dass die Marquise tatsächlich reinen Gewissens ist und die Vorgänge bei der Eroberung der Zitadelle entweder so sehr verdrängt hat, dass sie nicht darauf zurückgreifen kann, oder aber durch ihre Ohnmacht tatsächlich nichts davon mitbekommen hat. Auf den Ratschlag der Mutter hin, einen Arzt zu rufen, „sträubte" (S. 23, Z. 38) sie sich jedoch zunächst, was eine unbewusste Angst zum Vorschein bringt, da sie tief in ihrem Innern doch Furcht vor der Wahrheit und der Bestätigung der Schwangerschaft hat, die weitreichende Folgen für sie haben würde, da eine Schwangerschaft ihre soziale Stellung gefährden würde und damit gleichzeitig auch ihre eigene Identität, weil sie sich, wie bereits in den vorhergehenden Abschnitten deutlich wird, stark über ihre Rolle innerhalb der Familie und über das verinnerlichte Wertesystem definiert.

Als „Gefühle, immer wiederkehrend und von so wunderbarer Art, sie in die lebhafteste Unruhe stürzten" (S. 24, Z. 2 f.), lässt sie doch den Arzt rufen, der nach einer kurzen Untersuchung „mit einer sehr ernsthaften Miene" (S. 24, Z. 10 f.) die Schwangerschaft der Marquise feststellt. Diese fasst die Diagnose als Beleidigung auf und erfährt in der Aussage des Arztes, „[e]r müsse wünschen, dass sie immer zum Scherz so wenig aufgelegt wäre, wie jetzt" (S. 24, Z. 20 ff.), eine erste Demütigung, da sie vor ihm ihr Ansehen als reine und tugendhafte Witwe verloren hat.

Demütigung durch den Arzt

Abschnitt 10 (S. 24, Z. 33 – S. 28, Z. 7) – Die Angst der Marquise

Nach der Feststellung der Schwangerschaft durch den Arzt ist die Marquise wie erstarrt, zu groß ist die Angst vor den Konsequenzen, die diese Schwangerschaft mit sich bringen würde, würde sie doch ihren Gesichtsverlust bedeuten, da alles, worüber sie sich definiert, ins Wanken geraten würde: ihre soziale Stellung, die Achtung und Wertschät-

Krise der Marquise

zung innerhalb der Familie und auch ihr Selbstbild. Es ist also nicht verwunderlich, dass die Marquise in eine tiefe Krise gestürzt wird und sich „für verrückt" (S. 25, Z. 2) hält, da sie keine Erklärung für ihren Zustand findet.

Gespräch mit der Mutter

In einem intensiven, von Emotionen geprägten Gespräch offenbart sie ihre Ängste der Mutter, die selbstverständlich zunächst besorgt nachfragt, „ob sie denn an die Möglichkeit eines solchen Zustandes glaube" (S. 25, Z. 12 f.). Die Marquise greift zu einem drastischen Bild, um ihre Mutter von ihrer Unschuld zu überzeugen: „Eher, antwortete die Marquise, dass die Gräber befruchtet werden, und sich im Schoße der Leichen eine Geburt entwickeln wird!" (S. 25, Z. 13 ff.)

Lisa Wildmann als die Marquise in der Inszenierung von Silvia Armbruster im Theater Wahlverwandte

Verwirrung der Marquise

Die Mutter fasst diese Beteuerung erleichtert auf und empfiehlt, das unschickliche Verhalten und die Beleidigung des Arztes dem Vater zu melden, woraufhin die Marquise deutliche Zweifel formuliert, da sie in ihrem Inneren bereits weiß, dass der Arzt mit seiner Einschätzung recht hat (vgl. S. 25, Z. 23 ff.), sich dieses jedoch nicht eingestehen will und darf. Sie sinnt entsprechend darüber nach, welche Beweggründe der Arzt haben könnte, ihr so böse mitzuspielen, und endet ihren Gedankengang mit der Frage, ob ein Arzt sich in so einer einfachen Sache irren könne. Die Mutter stellt nüchtern klar, dass es nur zwei Möglichkeiten gebe: Entweder irrt der Arzt oder die Marquise hatte ein außereheliches Verhältnis, das sie sich nun nicht eingestehen will (vgl. S. 26, Z. 5 f.). Die Marquise versichert ihr darauf ein weiteres Mal sehr lebhaft, dass sie sich nichts vorzuwerfen habe. Ihr Verhalten ist dabei deutlich von Emotionen geprägt: Sie spricht die Mutter mit dem Superlativ „meine teuerste Mutter" (S. 26, Z. 7) an, was zeigt, wie wichtig ihr die Bindung an die Familie ist, was sich auch in „dem Ausdruck der gekränkten Würde" (S. 26, Z. 8) und ihrem hochroten und glühenden Gesicht (vgl. S. 26, Z. 8 f.) widerspiegelt, erneut ein Ausdruck einer nicht kontrollierbaren körperlichen Reaktion. Dennoch bittet sie darum, eine Hebamme rufen zu lassen, was ihre tiefe Verwirrung zeigt, da sie die Zweifel der Mutter damit von Neuem entfacht.

Die Verzweiflung der Mutter und ihre Sorge wegen des vermeintlichen Fehltritts der sonst so tugendhaften Tochter werden vom Autor besonders deutlich herausgearbeitet: „Eine Hebamme!, rief Frau von G... mit Entwürdigung. Ein reines Bewusstsein, und eine Hebamme! Und die Sprache ging ihr aus." (S. 26, Z. 17 ff.) Die Unfähigkeit, sich weiter zu artikulieren, führt dem Leser deutlich vor Augen, dass das Sprechen über Sexualität gesellschaftlichen Tabus unterworfen ist und die Figuren somit im engen Korsett gesellschaftlicher Konventionen gefangen sind, was an vielen Stellen der Novelle durch die Sprachlosigkeit veranschaulicht wird.

Sorge und Sprachlosigkeit der Mutter – Ausdruck gesellschaftlicher Konventionen

Die Marquise versichert ihrer Mutter weiterhin glaubhaft und unter größten Bemühungen, dass sie sich nichts vorzuwerfen habe, woraufhin Frau von G... ihr zu verstehen gibt, dass sie ihr einen „Fehltritt, so unsäglich er [sie] schmerzen würde" (S. 27, Z. 3 f.), letztendlich verzeihen würde, ihre Unehrlichkeit in diesem Zusammenhang wäre dagegen unverzeihlich. Sie räumt der Tochter an dieser Stelle also die Möglichkeit ein, sich ihr zu offenbaren, woraufhin die Marquise abermals versichert, unschuldig zu sein: „Möge das Reich der Erlösung einst so offen vor mir liegen, wie meine Seele vor Ihnen, rief die Marquise." (S. 27, Z. 11 f.) Auffällig sind hier

Einfluss religiöser Dogmen und gesellschaftlicher Konventionen

die vom Autor eingesetzten Begriffe aus dem Bereich der Religion, die sowohl in der Sprache der Mutter als auch der Tochter zu finden sind. Die Moralvorstellungen der Familie fußen auf den gesellschaftlichen Konventionen und den unumstößlichen Glaubensaussagen (Dogmen) der Religion, wobei das Individuum in den Hintergrund rückt und die Einhaltung dieser Zwänge oberste Priorität hat. So lässt sich die Mutter durch diesen pathetischen Ausruf der Tochter auch überzeugen und wendet sich ihr tief bewegt zu. Sie beginnt durch die weiteren artikulierten Empfindungen der Tochter an ihrer geistigen Gesundheit zu zweifeln und lässt auf ihr Drängen hin schließlich tatsächlich die Hebamme rufen.

Abschnitt 11 (S. 28, Z. 8 – S. 28, Z. 34) – Die Bestätigung durch die Hebamme

Als die Hebamme eintrifft, liegt die Marquise in den Armen ihrer Mutter und erweckt den Eindruck eines Schutz suchenden Kindes. Diesem Bild folgend, klärt die Obristin die Hebamme über die Situation auf, dass die Marquise trotz reinen Gewissens aufgrund ihrer körperlichen Verfassung eine Schwangerschaft vermute (vgl. S. 28, Z. 11 ff.).

Bürgerliche Doppelmoral

Die Hebamme führt ihre Arbeit schnell aus und zeigt sich als pragmatische und realistische Frau. Sie spricht „von jungem Blut und der Arglist der Welt" (S. 28, Z. 16 f.) und erklärt, sie habe schon viele schwangere Witwen betreut, die angeblich sittsam gelebt hätten. Sie beendet ihre Untersuchung ohne Umschweife mit den Worten, „dass sich der muntere Kosar, der zur Nachtzeit gelandet, schon finden würde" (S. 28, Z. 21 f.). Der Pragmatismus der Hebamme zeigt deutlich, dass derartige Vorkommnisse sich in der von bürgerlichen Werten bestimmten Welt sehr wohl ereignen, auch wenn sie eigentlich verpönt sind, und führt somit die bürgerliche Doppelmoral vor Augen.

Die Marquise am Rande des Wahnsinns

Die Marquise dagegen treffen diese Worte der Geburtshelferin so sehr, dass sie in Ohnmacht fällt. Die Überforderung ist zu groß, sodass sich ihr Körper der Situation entzieht. Ihre Mutter zeigt sich weiterhin besorgt um ihre Tochter und drängt sie, nachdem sie wieder zu sich gekommen ist, ihr den Vater des Kindes zu nennen. Entgegen den gesellschaftlichen Zwängen scheint sie „zur Versöhnung geneigt" (S. 28, Z. 29 f.). Die Marquise entgegnet jedoch, „dass sie wahnsinnig werden würde" (S. 28, Z. 30 f.), was den Zorn der Mutter entfacht, sodass sie ihre Tochter mit den Worten „Geh! Geh! Du bist nichtswürdig! Verflucht sei die Stunde, da ich dich gebar!" (S. 28, Z. 32 f.) verstößt. Dass die Marquise mit ihrer Aussage tatsächlich ihre innersten Ängste verbalisiert, kann sie nicht begreifen, da die Vorstellung einer unbewussten Empfängnis absurd klingen muss. Für die Marquise stürzt in diesem Moment jedoch tatsächlich die Welt über ihr zusammen und sie befindet sich am Rande des Wahnsinns. Der von unterschiedlichen Instanzen (Arzt und Hebamme) objektiv bestätigte Zustand passt nicht zu ihrem Selbstbild und dieses droht sie, zu zerreißen.

Abschnitt 12 (S. 28, Z. 35 – S. 29, Z. 21) – Die Krise der Marquise

Nachdem die Mutter wutentbrannt das Zimmer verlassen hat, wendet die Marquise sich mit zitternder Stimme an die Hebamme und versucht, für sich doch noch eine Erklärung zu finden, indem sie fragt, „ob die Möglichkeit einer unwissentlichen Empfängnis sei" (S. 29, Z. 2 f.). Dies ist ihr letzter verzweifelter Versuch, ihre Identität, ihr Ich, das über Tugend und Moral definiert ist, zu erhalten. Die Hebamme nimmt ihr allerdings diese Illusion, indem sie ironisch entgegnet, „dass dies, außer der heiligen Jungfrau, noch keinem Weibe auf Erden zugestoßen wäre" (S. 29, Z. 8 f.). Die Verzweiflung steigert sich daraufhin noch einmal deutlich, sie „zitterte immer heftiger" (S. 29, Z. 10), sodass ihr Körper zum Spiegel ihrer inneren Zustände wird. Nach einigen Be-

Verzweifelte Erklärungssuche der Marquise

ruhigungsversuchen und Ratschlägen der Hebamme bleibt die Marquise schließlich allein zurück.

Die Ich-Krise der Marquise

> Selbstbild, determiniert von gesellschaftlichen Erwartungen → Rollenbild einer tugendhaften und pflichtbewussten Frau
>
> ↓
>
> kann nicht in Einklang gebracht werden mit körperlichem Zustand (Schwangerschaft)
>
> ↓
>
> Ich-Krise (Gefühl des Wahnsinns), Verlust des Ich

Abschnitt 13 (S. 29, Z. 22 – S. 30, Z. 33) – Die Verbannung aus dem Elternhaus

Die Mutter hat in der Zwischenzeit ihren Mann über den Zustand der Tochter in Kenntnis gesetzt und überbringt ihr nun ein Schreiben, in dem ihr mitgeteilt wird: „Herr von G… wünsche, unter den obwaltenden Umständen, dass sie sein Haus verlasse." (S. 29, Z. 24 f.) Außerdem übergibt Frau von G… ihr alle notwendigen Papiere, da der Obrist „hoffe, dass ihm Gott [so] den Jammer ersparen werde, sie wiederzusehen" (S. 29, Z. 27 f.). Diese harten Worte und die Verbannung aus dem Elternhaus versetzen die Marquise in tiefe Verzweiflung, wobei sie nicht das Handeln der Eltern als ungerecht empfindet, sondern „über die Ungerechtigkeit, zu welcher diese vortrefflichen Menschen verführt wurden" (S. 29, Z. 32 f.), bestürzt ist.

Gesellschaftliche Zwänge geben Handeln vor

An dieser Stelle wird ein weiteres Mal deutlich, wie sehr das Handeln innerhalb der Familie von den am Bürgertum orientierten Normen der Gesellschaft bestimmt ist. Der soziale Status der Familie verpflichtet sie, sich gemäß den gesellschaftlichen Erwartungen zu verhalten, und schränkt sie somit stark in ihren Entscheidungen ein. Interessant ist in diesem Zusammenhang auch das Verhalten des Vaters, der versucht, der direkten Konfrontation mit der Tochter aus dem Weg zu gehen, und ihr aus diesem Grund einen Brief zukommen lässt. Auch als die Marquise in ihrer Verzweiflung seine Gemächer aufsucht, versucht er, sich ihr zu entziehen. Er hält „die Türe verschlossen" (S. 29, Z. 36) und schickt seinen Sohn, um sie abzuweisen. Als seine Tochter dennoch in seine Räume vordringt, „wandte [er] ihr, bei ihrem Anblick, den Rücken zu" (S. 30, Z. 6 ff.) und weicht immer weiter vor ihr zurück „nach der hintern Wand" (S. 30, Z. 12). Er fühlt sich von ihrer Anwesenheit und ihrem Flehen bedroht und weiß sich schließlich nicht anders zu helfen, als zur Pistole zu greifen und sie mit einem Schuss zu vertreiben (vgl. S. 30, Z. 14 ff.). Die Schwäche und Überforderung des Vaters sind an dieser Stelle offensichtlich, da er nicht in der Lage ist, sich der Situation zu stellen, und seiner Frau die unangenehme Aufgabe überlässt, die Tochter zu verstoßen. Erneut erweist sich das Wertesystem als vordergründig und brüchig.

Die Marquise dagegen gewinnt durch dieses Verhalten an Stärke, und der Pistolenschuss reißt sie aus ihrer Verzweiflung und weckt ihre Aktivität. Sie erteilt Befehle, um ihre Abreise anzutreten, und bereitet „matt bis in den Tod" (S. 30, Z. 20) ihre Kinder für die Reise vor. Als ihr Bruder ihr mitteilt, dass ihr Vater „die Zurücklassung und Überlieferung der Kinder von ihr forderte" (S. 30, Z. 26 f.), weicht ihre Verzweiflung endgültig der Entrüstung und sie lehnt sich gegen die Familie und damit alle gesellschaftlichen Anforderung auf und entgegnet ihrem Bruder, der lediglich auf Befehl des Vaters handelt: „Sag <u>deinem</u>[1] unmenschlichen Vater, dass er kommen, und mich niederschießen, nicht aber mir meine

Die Auflehnung der Marquise gegen gesellschaftliche Zwänge

---
[1] Hervorhebung durch die Autorin, um die hohe Bedeutung dieses Possessivpronomens zu verdeutlichen

Kinder entreißen könne!" (S. 30, Z. 28 ff.) Gemeinsam mit ihren Kindern verlässt sie das elterliche Haus, in dem sie aus Gründen der gesellschaftlichen Reputation nicht mehr erwünscht ist. Die Verbannung aus dem Elternhaus erfolgt aus gesellschaftlichen Zwängen heraus und kann daher stellvertretend als Ausschluss aus der Gesellschaft verstanden werden, die zuvor sinnstiftend für das durch ebendiese Gesellschaft geformte Ich der Marquise gewesen ist.

Identitätszerstörendes Wertesystem

Kleist erweist sich hier und im Zusammenhang der gesamten Novelle als moderner, zeitkritischer Autor, der die Unzulänglichkeit und Brüchigkeit der an den bürgerlichen Normen orientierten Gesellschaft aufzeigt. Diente dieses Wertegefüge im 18. Jahrhundert dem erstarkenden Bürgertum, das politisch weitgehend ohnmächtig war, dazu, dem Adel selbstbewusst etwas entgegenzusetzen, erweist es sich nunmehr als menschenfeindlich und identitätszerstörend. Unabhängig davon, ob es in der bürgerlichen Familie oder – wie im konkreten Fall – in der des niederen Adels Anwendung findet, es nimmt dem Individuum seine Handlungsfreiheit und zwingt es, losgelöst von diesem System, zu eigenen Entscheidungen und neuen Rolleninterpretationen.

Abschnitt 14 (S. 30, Z. 34 – S. 32, Z. 13) – Die Aufgabe der Zeitungsannonce als Akt der Selbstbestimmung

Auflehnung gegen väterliche Befehle als Akt der Befreiung

Nach dem Bruch mit der Familie findet die Marquise, „als sie im Freien war" (S. 30, Z. 38), zu sich selbst. Ihre missliche Lage hat sie „mit sich selbst bekannt gemacht" (S. 30, Z. 34 f.) und sie hebt „sich plötzlich, wie an ihrer eigenen Hand, aus der ganzen Tiefe […] empor" (S. 30, Z. 35 ff.). Das Aufbegehren gegen den väterlichen Befehl, die Kinder in der Obhut der Familie zu lassen, stellt einen Akt der Befreiung dar, und so gelingt es der Marquise, in der Einsamkeit auf ihrem Landgut ihre Situation zu akzeptieren und sich von den Zwängen der Familie und Gesellschaft ein Stück weit zu befreien. Auf dem Landgut, das sie schon nach der

Räumung des Kommandantenhauses gern bewohnt hätte (vgl. Abschnitt 5, S. 21), kann sie sich auf ihr neues und vielleicht wahres Ich besinnen und beginnt selbstbestimmt, Pläne für ihr weiteres Leben dort zu schmieden, fernab von den „Anfälle[n] der Welt" (S. 31, Z. 10f.). Sie konzentriert sich auf ihre Kinder und erteilt den Befehl, „keinen Menschen im Hause vorzulassen" (S. 31, Z. 27f.).

Doch selbst in dieser „klösterliche[n] Eingezogenheit" (S. 31, Z. 26) kann sie sich trotz der neu erworbenen Selbstbestimmung den Erwartungen der Gesellschaft nicht entziehen, da die Angst um die Position ihres ungeborenen Kindes innerhalb der sozialen Strukturen ihr große Sorge bereitet: „Nur der Gedanke war ihr unerträglich, dass dem jungen Wesen [...] ein Schandfleck in der bürgerlichen Gesellschaft ankleben sollte." (S. 31, Z. 28ff.) Zu mächtig sind die Prägung durch die Gesellschaft und die durch diese vermittelten Normen, und so gelingt ihr die Emanzipation nur teilweise, da die Reputation einfach einen zu hohen Stellenwert hat.

Starke Prägung durch die Gesellschaft

Geleitet von diesen Sorgen um den gesellschaftlichen Platz ihres ungeborenen Kindes, greift sie schließlich zu der drastischen und unkonventionellen Maßnahme, den Vater mittels der Zeitungsannonce zu suchen, die den Auftakt der Novelle bildet. Die Annonce veranschaulicht also die Ambivalenz in der Persönlichkeit der Marquise: Auf der einen

Funktion der Zeitungsannonce

Die Marquise greift zu ungewöhnlichen Mitteln, um den Vater ihres Kindes ausfindig zu machen (Lisa Wildmann als die Marquise in der Inszenierung von Silvia Armbruster)

Seite ist dieses ein Akt der Selbstständigkeit, da sie ihre ungewöhnliche Situation öffentlich macht und damit mit den Normen und den damit einhergehenden Zwängen der Gesellschaft bricht. Auf der anderen Seite kann sie aber auch als – wenn auch ungewöhnlicher – Akt der Unterwerfung gesehen werden, da sie versucht, dem Kind einen gewissen Stand in der Gesellschaft zu ermöglichen, auch wenn es für sie bedeutet, sich dafür selbst dieser erneut zu unterwerfen, indem sie den Vater des Kindes heiratet und damit ihre gerade erste gewonnene Selbstbestimmung aufgibt.

Höhepunkt der Novelle Die „sonderbare Aufforderung" (S. 32, Z. 11), die Aufgabe der Zeitungsannonce, bildet innerhalb der Komposition der Novelle den Höhepunkt. Dem Leser ist an dieser Stelle bereits bewusst, dass Graf F… der Vater des Kindes ist. Die Situation der Marquise hat sich seit Beginn der Schilderungen des Erzählers jedoch immer weiter zugespitzt, bis sie schließlich zu diesem drastischen Mittel greift. Im weiteren Verlauf der Novelle wird die Spannung langsam aufgelöst und der Leser kann verfolgen, wie der Graf sich schließlich als Vater zu erkennen gibt.

Der Aufbau der Novelle

```
                    Zeitungsannonce (Auflösung, Spannung)
    Ausschluss aus der Gesell-      Besuch des Grafen und
    schaft (Verstoßung)             Ablehnung des Antrags
            Feststellen             Antwort auf die Annonce
        der Schwangerschaft         ohne Namen
    Antrag des Grafen und unver-    Versöhnung und Rückkehr
    bindliches Zugeständnis         ins Elternhaus
            Erste Anzeichen         Offenbarung des Grafen
        der Schwangerschaft
    Eroberung der Zitadelle         Heirat trotz Entrüstung
    und Vergewaltigung              (Distanz)
            Zeitungsanzeige         Verzeihung (glückliches
            (Spannung)              Ende?)
```

Abschnitt 15 (S. 32, Z. 14 – S. 33, Z. 11) – Die Rückkehr des Grafen und seine Reaktion auf die Schwangerschaft

Nach einer mehrwöchigen Abwesenheit kehrt der Graf zurück und sucht umgehend das Haus des Kommandanten auf. Dieser „empfing ihn mit einem verlegenen Gesicht" (S. 32, Z. 24) und entzieht sich der Situation, indem er vorgibt, einen wichtigen Termin außer Haus zu haben, was sein Unvermögen, mit der Situation umzugehen, noch einmal vor Augen führt (vgl. hierzu auch Abschnitt 13, S. 38). Anstelle des Vaters setzt der Bruder der Marquise den Grafen über die Schwangerschaft und die weiteren Ereignisse in Kenntnis und erzählt ihm „von der Schande, die die Marquise über die Familie gebracht hatte" (S. 32, Z. 32 f.). Die Wortwahl des Erzählers bringt dabei noch einmal die zentrale Gesellschaftskritik Kleists auf den Punkt: Nicht das Individuum wird mit seinen Bedürfnissen betrachtet, sondern die gesellschaftliche Reputation und Stellung stehen im Mittelpunkt, sodass in der Schwangerschaft der alleinstehenden Witwe keine persönliche, auch von außen bewirkte Krise gesehen wird, sondern ein individueller Fehltritt, der Schande über die Familie bringt und somit ihr gesellschaftliches Ansehen bedroht. Die Empfindungen und Ängste der Schwangeren, die dabei stellvertretend für jedes andere Opfer der Gesellschaft steht, werden dabei völlig vernachlässigt.

Das Unvermögen des Vaters

Gesellschaftskritik: Individuum vs. gesellschaftliche Reputation

Die Reaktion des Grafen auf diese Informationen fällt für den Forstmeister ganz anders aus als erwartet, ist für den Leser jedoch keineswegs überraschend, da er aus den gestreuten Informationen bereits schließen kann, dass der Graf der Erzeuger des Kindes ist. Sein Ausruf „Wenn die Vermählung erfolgt wäre: so wäre alle Schmach und jedes Unglück uns erspart!" (S. 32, Z. 37 – S. 33, Z. 2) bestätigt den Verdacht des Lesers noch einmal. Bei dem Bruder der Marquise sorgt dieser jedoch für Verwirrung, da es für ihn un-

Verurteilung der Gesellschaft durch den Grafen

begreiflich ist, dass der Graf noch immer „mit dieser Nichtswürdigen vermählt zu sein" (S. 33, Z. 3 f.) wünscht. Der Graf erläutert ihm daraufhin, dass „sie mehr wert wäre, als die ganze Welt, die sie verachtete" (S. 33, Z. 5 f.), und er bestätigt damit Kleists Urteil über die Gesellschaft. Zudem erklärt er, dass er von ihrer Unschuld überzeugt sei, und bricht unvermittelt nach V... auf, um seinen Antrag vor der Marquise zu wiederholen, sodass ihr Bruder ungläubig und von dieser ungewöhnlichen Situation verwirrt zurückbleibt. Das Verhalten des Grafen zeigt nochmals, dass er sein Vergehen tatsächlich bereut und er ernste Absichten hat und ehrenvoll handelt, denn eine Verbindung mit der Marquise würde auch für ihn, der dem höheren Adel angehört, gesellschaftliche Schmach bedeuten.

Abschnitt 16 (S. 33, Z. 12 – S. 34, Z. 30) – Die Wiederholung des Antrages und die Flucht der Marquise

Widersprüchlichkeit im Verhalten der Marquise

Als Graf F... das Landgut erreicht, das die Marquise nun bewohnt, wird ihm von einem Türsteher mitgeteilt, „dass die Frau Marquise keinen Menschen spräche" (S. 33, Z. 14 f.). Es wird aber deutlich, dass die Marquise sich trotz ihrer Situation mit Gedanken an den Grafen beschäftigt, da die Wache ihn „auf eine zweideutige Art" (S. 33, Z. 18 f.) fragt, „ob er vielleicht der Graf F... wäre" (S. 33, Z. 19).

Der Graf greift indessen zu einer List und „trat durch eine Pforte, die er offen fand, in den Garten" (S. 33, Z. 27 f.). Der Umstand, dass die Marquise auf der einen Seite Befehle erteilt, niemanden zu ihr zu lassen, auf der anderen Seite aber die Pforte unverschlossen hält, sodass der Graf mit Leichtigkeit einen Weg zu ihr findet, zeigt deutlich die Widersprüchlichkeit in ihrem Verhalten. Ihr Inneres sehnt sich möglicherweise nach diesem Mann, der sie umwirbt, auch wenn sie nach außen den Schein wahrt.

Aufrichtige Gefühle des Grafen

Der Graf findet die Marquise „in ihrer lieblichen und geheimnisvollen Gestalt" (S. 33, Z. 30 f.) schließlich im Garten vor.

Inhalt, Aufbau und erste Deutungsansätze 45

Szene aus der Verfilmung von Éric Rohmer (1976): Der Graf wiederholt seinen Antrag

Die positive Wahrnehmung ihrer Gestalt zeigt, dass er die Schwangerschaft akzeptiert, und auch sein weiteres Verhalten lässt erkennen, dass er der Frau zärtlich zugetan ist.
Die Marquise ist von dem Erscheinen des Grafen überrascht, lässt es aber zu, dass er „seinen Arm sanft um ihren lieben Leib" (S. 34, Z. 1 f.) legt, und zeigt sich schüchtern, aber nicht abweisend, was ihre wahren Gefühle für diesen Mann offenbart. Als sie ihn fragt, ob er denn nichts von ihrem Zustand wisse (vgl. S. 34, Z. 7 f.), erklärt er, er wisse alles und sei von ihrer Unschuld überzeugt. Der Graf wird in seinen Ausführungen dabei immer emotionaler und überschwänglicher und spricht von einem Gefühl, „als ob [s]eine Seele in [ihrer] Brust wohnte" (S. 34, Z. 17 f.). Die Marquise hingegen versucht, sich nun zu distanzieren, und scheint zunehmend in Aufruhr zu geraten, während der Graf darum

Erneuter Antrag des Grafen

bemüht ist, sich ihr zu erklären, und seinen Antrag wiederholt. Sie reißt „sich gewaltsam aus seinen Armen" (S. 34, Z. 23) los und versucht, jegliche Erklärungsversuche des Grafen abzuwehren. Der Graf selbst scheint kurz davor zu sein, sein Vergehen zu offenbaren, es ist ihm jedoch noch nicht vollends möglich, seine Schuld einzugestehen, und so bleibt „[e]in einziges, heimliches geflüstertes – !" (S. 34, Z. 26f.), wodurch der Gedankenstrich, der zu Beginn der Novelle das bedeutungsschwere Geschehen anzeigt, wieder aufgegriffen wird. Das Gewissen des Grafen ist noch immer schwer belastet, er kann sich aber noch nicht davon befreien; es bedarf noch weiterer Schritte, bis es ihm möglich ist, seine Schuld einzugestehen. Die Marquise reagiert außergewöhnlich stark auf die Erklärungsversuche des Grafen: „Ich *will nichts* wissen, versetzte die Marquise [und] stieß ihn heftig vor die Brust zurück" (S. 34, Z. 28ff.). Diese Reaktion zeigt deutlich, dass sie unbewusst bereits „weiß", was geschehen ist. Die große emotionale Überforderung hat jedoch Verdrängungsmechanismen in Gang gesetzt, die nun allerdings nur noch schwer aufrechtzuerhalten sind. An ihren Worten lässt sich deutlich erkennen, dass sie zumindest einen Verdacht haben muss und tief in ihrem Inneren verborgen „weiß", was sich tatsächlich ereignet hat. Da sie sich nicht in der Lage dazu sieht, sich diesem Wissen zu stellen, entzieht sie sich der Situation und eilt davon.

Erneuter Gedankenstrich

Verdrängungsmechanismen

Abschnitt 17 (S. 34, Z. 31 – S. 35, Z. 34) – Die Reaktion des Grafen auf die Annonce

Nachdem die Marquise dem Grafen „mit verstörter Beeiferung" (S. 34, Z. 33f.) durch ihren Rückzug ins Haus endgültig die Möglichkeit genommen hat, sich ihr zu offenbaren, kehrt er niedergeschlagen nach M… zurück und „fühlte, dass der Versuch, sich an ihrem Busen zu erklären, für immer fehlgeschlagen sei" (S. 35, Z. 3f.). Stattdessen ist er

Sprachlosigkeit zeigt gesellschaftliche Missstände auf

nun „verdammt" (S. 35, Z. 6), sich in einem Brief zu erklären, da es ihm nicht möglich gewesen ist, sein Vergehen und die damit einhergehenden Gefühle zu artikulieren. Diese Sprachlosigkeit und der Mangel an direkter Kommunikation, die sich beispielsweise auch zeigen, als die Verbannung aus dem Elternhaus in schriftlicher Form erfolgt (vgl. Abschnitt 13, S. 38), ist ein typisches Merkmal der Novelle „Die Marquise von O…", durch die Missstände in der Gesellschaft aufgedeckt werden. Das Individuum ist durch die starke Prägung durch gesellschaftliche Normen in sich selbst gefangen und kann Gefühle nicht verbalisieren. In der Novelle geben daher oft nur körperliche Reaktionen Aufschluss über Gefühle und innere Zustände, und der Graf verzweifelt beinahe an seiner Unfähigkeit, sich der Marquise zu offenbaren. Erst eine lange Folge von Erklärungsversuchen führt schließlich zu der Erleichterung seines Gewissens.

Die Stationen zur Offenbarung des Grafen

- Traumschilderung (vgl. Abschnitt 8)
- Versuch des Geständnisses und Reaktion der Marquise („Ich *will* nichts wissen", S. 34, Z. 28) (vgl. Abschnitt 16)
- Vorsatz, einen Brief aufzusetzen
- Antwort auf die Zeitungsannonce, jedoch ohne Namen (vgl. Abschnitt 19)
- Erscheinen im Haus des Kommandanten (vgl. Abschnitt 22)

Der Graf ist nicht dazu in der Lage, durch ein Schuldeingeständnis sein Gewissen direkt zu erleichtern, und geht den Weg der indirekten Kommunikation.

→ Sprachlosigkeit, hervorgerufen durch die Zwänge der Gesellschaft

In einem Gasthaus trifft Graf F… zufällig auf den Forstmeister, der sich nach dem Treffen mit der Marquise erkundigt.

Der Graf als starke Figur

Nach der Erklärung des Grafen, dass er sich nun in einem Brief an sie wenden wolle, um eine Heirat zu erwirken, entgegnet ihr Bruder, „dass seine Leidenschaft für die Marquise ihn seiner Sinne beraube" (S. 35, Z. 16 f.). Das Verhalten des Grafen ist für ihn nicht nachvollziehbar, handelt er doch in seinen Bemühungen um die Marquise entgegen aller gesellschaftlichen Konvention. Solch einem Verhalten kann nur eine Verwirrung des Geistes zugrunde liegen, da die gesellschaftliche Reputation höchste Priorität hat. Der Graf lässt sich jedoch nicht von gesellschaftlichen Zwängen leiten, sondern folgt seinem Gewissen und seinem Gefühl, was ihn trotz des Missbrauchs in den Augen des Lesers als starke Figur erscheinen lässt.

Der Graf als starke Figur

In dem Gespräch mit dem Forstmeister erfährt der Graf schließlich von der Zeitungsannonce, die für ihn nun zum Wegweiser wird: „Nun ist es gut! Nun weiß ich, was ich zu tun habe!" (S. 35, Z. 30 f.) War er zunächst noch bestürzt darüber, sich in einem Brief an die Marquise wenden zu müssen, so gewinnt er nun seine Sicherheit zurück und verlässt die Gaststätte „völlig ausgesöhnt mit seinem Schicksal" (S. 35, Z. 34).

Die Annonce als Wegweiser

Abschnitt 18 (S. 35, Z. 35 – S. 37, Z. 3) – Die Infragestellung der Verstoßung durch die Mutter

Dominanz der Mutter – brüchiges bürgerliches Wertesystem

Zwischenzeitlich herrscht in dem Haus der Familie der Marquise Uneinigkeit über das Verhalten in Bezug auf die Tochter. Die Mutter, die in den Gesprächen mit der Marquise schon zuvor mehrmals signalisiert hat, dass sie einen Fehltritt der Tochter verzeihen könnte, ist nun „über die zerstörende Heftigkeit ihres Gatten und über die Schwäche, mit welcher sie sich, bei der tyrannischen Verstoßung der Tochter, von ihm hatte unterjochen lassen, äußerst erbittert" (S. 35, Z. 36 – S. 36, Z. 3), und sie stellt die Verstoßung infrage. Die Ausdrücke „zerstörende Heftigkeit", „tyrannische Verstoßung" und „unterjochen" weisen vordergründig auf die Rolle des bürgerlichen Familienvaters als Patriarch hin. Durch die Infragestellung seines Handelns durch seine Frau wird diese Stellung des Vaters jedoch eingeschränkt, und im weiteren Verlauf der Novelle wird noch deutlicher, dass der Obrist seine Rolle nur nach außen hin erfüllt. Innerhalb der Familie ist eher seine Frau diejenige, die die Familie lenkt und führt, wie zuvor schon deutlich wurde, als sie die Marquise geschickt entgegen der Meinung ihres Mannes zugunsten einer möglichen Hochzeit mit dem Grafen beeinflusst (vgl. Abschnitt 8, S. 30 f.). Erneut erweist sich das Wertesystem als brüchig und damit kritikwürdig.

Als die Annonce der Marquise in der Zeitung erscheint, sucht die Mutter erneut das Gespräch mit ihrem Mann, da sie stark an dem Verhalten, das dieser gegenüber seiner Tochter gezeigt hat, zweifelt. Der Kommandant bleibt in diesem Fall aber stur und reagiert sogar zynisch auf die Anzeige, indem er sagt, sie sei wohl unschuldig und habe „es im Schlaf getan" (S. 36, Z. 39 f.). An dieser Stelle tritt ein weiteres Mal Kleists ironischer Darstellungsstil in den Vordergrund, da die Zeugung tatsächlich in einem Zustand der Ohnmacht, einem noch stärkeren Zustand der Bewusstlosigkeit, als es im Schlaf der Fall ist, erfolgt ist.

Ironischer Darstellungsstil

Die Mutter der Marquise möchte dieser Aussage ihres Mannes Glauben schenken und erkennt den ironischen Ton seiner Aussage zunächst nicht, der Kommandant beendet das Gespräch jedoch mit dem Ausruf „Die Närrin!" (S. 37, Z. 2) und entzieht sich der Situation, indem er den Raum verlässt.

Abschnitt 19 (S. 37, Z. 4 – S. 38, Z. 9) – Die Reaktion der Eltern auf das Erscheinen einer Antwort in der Zeitung

Das Erstaunen der Mutter ist groß, als sie am folgenden Tag in der Zeitung eine Antwort auf die Annonce der Marquise

Emotionen der Mutter

entdeckt, in der der vermeintliche Kindsvater anonym sein Erscheinen im Hause der Familie zu einem bestimmten Termin ankündigt, um sich der Marquise „daselbst zu Füßen [zu] werfen" (S. 37, Z. 9 f.). Die Mutter ist von der Anzeige so überrascht, dass ihr „die Sprache [verging]" (S. 37, Z. 13), was ihre emotionale Überforderung zum Ausdruck bringt.

Persönliche Kränkung des Vaters

Der Vater dagegen reagiert sehr zornig und vermutet in der Anzeige eine List der Tochter, um sich die Gunst der Familie zu erschleichen. Er zeigt sich sehr aufgewühlt und macht seinem Ärger durch Beschimpfungen und Ausrufe Luft. Sein Verhalten lässt darauf schließen, dass er das vermeintliche Vergehen seiner Tochter als persönliche Kränkung empfindet und ihre Schwangerschaft als Betrug an ihm und seiner Person ansieht. Interessanterweise argumentiert er an dieser Stelle nicht, wie es zu erwarten wäre, mit dem verletzten Wertesystem, sondern mit ganz persönlichen Ansprüchen, die ein besonderes Licht auf die Vaterfigur werfen. Die besondere emotionale Komponente, die die Beziehung des Vaters zur Tochter charakterisiert, wird im weiteren Verlauf besonders in der Versöhnungsszene in Abschnitt 21 (vgl. S. 55) deutlich, die inzestuöse Handlungen andeutet.

Abbruch der Kommunikation aus Gründen der Überforderung

Im Gegensatz zum Vater sieht die Mutter in der Antwort eher eine Bestätigung der Tochter, und sie gibt an, „lieber an ein unerhörtes Spiel des Schicksals, als an diese Niederträchtigkeit ihrer sonst so vortrefflichen Tochter glauben" (S. 38, Z. 4 ff.) zu wollen. Die Diskrepanz zwischen den Auffassungen der Eheleute ist deutlich zu erkennen, es kann jedoch zu keiner weiteren Diskussion der Umstände kommen, da der Obrist sich ein weiteres Mal dem Gespräch entzieht, indem er seine Frau zum Schweigen anhält und das Zimmer verlässt (vgl. S. 38, Z. 7 ff.), wodurch noch einmal seine Überforderung hervorgehoben wird.

Abschnitt 20 (S. 38, Z. 10 – S. 44, Z. 15) – Die Versöhnung der Familie durch das eigenmächtige Handeln der Mutter

Einige Tage nach dem Erscheinen der Antwort auf die Annonce in der Zeitung erhält der Kommandant einen Brief seiner Tochter, in dem sie ihn „auf eine ehrfurchtsvolle und rührende Art" (S. 38, Z. 13 f.) darum bittet, den Kindsvater zu ihr zu schicken, wenn er zu dem angegebenen Termin im Kommandantenhaus erscheine.

Brief der Marquise an den Vater

Während die Mutter in diesem Brief die Bestätigung ihrer Zweifel sieht, da die Tochter augenscheinlich „auf [eine] Verzeihung [der Eltern] gar keine Ansprüche" (S. 38, Z. 21) erhebt, und ihrem Mann einen Plan offenbart, mit dem sie gedenkt, ihre Tochter auf die Probe zu stellen, zeigt sich der Vater ein weiteres Mal aufbrausend und zerreißt den Brief mit den Worten „[s]ie wisse, dass er [mit der Marquise] nichts zu schaffen haben wolle, und er verbiete ihr, in irgendeine Gemeinschaft mit ihr zu treten" (S. 38, Z. 34 ff.). Von seinen Emotionen geleitet, führt der Kommandant sich an dieser Stelle deutlich als Patriarch auf, was durch das ausdrucksstarke Verb „verbieten" hervorgehoben wird. Dass er seinen Rollenanspruch aber nicht tatsächlich ausfüllen kann, wird in diesem Abschnitt anschließend besonders hervorgehoben, da seine Frau sich seinen Anweisungen widersetzt; am Ende des Abschnitts sind die Rollen dann sogar vertauscht, da sie ihrem Mann Anweisungen erteilt und er durch seine emotionale Überforderung als handlungsunfähig gezeichnet wird (s. unten).

Uneinigkeit der Eltern

Dass die Sprachlosigkeit die Figuren in vielen Situationen einschränkt und beherrscht, wird an dem Verhalten des Vaters hier noch einmal besonders veranschaulicht. Nachdem er bereits nicht in der Lage war, sich mit seiner Tochter persönlich auseinanderzusetzen, und stattdessen ihre Verstoßung als Brief diktiert hat (vgl. Abschnitt 13, S. 38), greift er nun zu einer noch niedrigeren Form der Kommunikati-

Einschränkende Sprachlosigkeit

on: Er zerreißt den Brief und lässt ihn so von einem Boten seiner Tochter zustellen (vgl. S. 38, Z. 36 ff.). Die indirekte Kommunikation ist nun also einer nonverbalen gewichen, eine persönliche Auseinandersetzung findet nicht statt, was noch einmal aufzeigt, dass die Handlungsträger nicht in der Lage sind, Unangenehmes auszusprechen und sich über gesellschaftliche Tabuthemen angemessen auseinanderzusetzen.

Umgekehrtes Machtverhältnis der Eheleute

Die Mutter der Marquise ist „durch diesen hartnäckigen Eigensinn […] erbittert" (S. 39, Z. 1 ff.) und entschließt sich, nun eigenmächtig ihren Plan umzusetzen und ihre Tochter auf die Probe zu stellen. Durch ihr Handeln tritt deutlich das umgekehrte Machtverhältnis innerhalb der Familie zum Vorschein, da die Mutter diejenige ist, die letztendlich die Entscheidungen trifft, wie auch schon ihr vorheriges Auftreten und Handeln vermuten lässt (vgl. hierzu z. B. Abschnitt 8, S. 28). Das vom Vater eingeforderte Rollenverhalten erweist sich damit erneut als vordergründig und funktionslos.

Die List der Mutter

Mit dem Plan, ihre Tochter mithilfe einer List auf die Probe zu stellen, reist die Obristin nunmehr zu dem Landgut, wo sie ihr einen von ihr selbst gewählten Jäger ihres Mannes, Leopardo, als Kindsvater präsentieren will, um an ihrer Reaktion ablesen zu können, ob sich hinter der Anzeige ein geschickter Plan ihrer Tochter verbirgt oder sie tatsächlich unwissend und verzweifelt und somit unschuldig ist. Die Mutter wählt einen Mann, dem sie aufgrund seiner Stellung den unehelichen Beischlaf zutrauen würde. Der Jäger Leopardo steht hier stellvertretend für einen triebgesteuerten Mann aus der unteren Gesellschaftsschicht, wie dieses bereits zu Beginn der Handlung im Zusammenhang mit den rohen Soldaten (vgl. Abschnitt 2, S. 14) erfolgt ist. Die Namensgebung erinnert dabei deutlich an den animalischen Bereich.

Schauspielkunst der Frauenfiguren

Die Begegnung zwischen Mutter und Tochter stellt sich sehr emotional, beinahe schon theatralisch dar: Die Tochter wirft sich der Mutter zu Füßen (vgl. S. 39, Z. 20 f.), woraufhin diese sie, „nicht ohne einige Bewegung, vom Boden auf[hebt]" (S. 39, Z. 23 f.), um dann von ihr unter Tränen „ehrfurchtsvoll in die Zimmer ihres Hauses" (S. 39, Z. 26 f.) geführt zu werden. Die übersteigerten Emotionen auf beiden Seiten deuten für den informierten Leser ein aufgesetztes Verhalten an, eine Schauspielkunst, die, gerade bei der Mutter, im weiteren Verlauf des Besuchs noch viel deutlicher zum Ausdruck gebracht wird, als sie die Tochter wegen der Verstoßung „um Verzeihung" (S. 39, Z. 34) bittet, um sie anschließend auf die Probe zu stellen.

Die Obristin informiert ihre Tochter darüber, dass sich der Kindsvater bereits zu erkennen gegeben habe. Die Marquise reagiert darauf verwirrt und mit Verwunderung. Auch wenn Kleist dem Leser die Gedanken und Gefühle der Figur nicht aus der Innensicht präsentiert, werden die Gefühlsregungen an dieser Stelle anhand der stockenden Sprache veranschaulicht. Sie scheint ehrlich daran interessiert zu sein, endlich die Identität des Mannes zu erfahren, und stellt in ihrer Aufregung immer wieder die Frage „Aber wer? Wer? Wer?" (S. 40, Z. 23), bis die Mutter schließlich Leopardo, den Jäger, der im Wagen darauf wartet, der Marquise seine Aufwartungen zu machen, namentlich benennt. Die Marquise stellt diesen Mann keinen Augenblick als Kindsvater infrage, sondern versucht, für sich eine Erklärung zu finden, wann die Zeugung stattgefunden haben könnte, und erinnert sich schließlich daran, einst eingeschlafen zu sein und beim Aufwachen den eben genannten Jäger in ihrer Nähe gesehen zu haben. Dieses Verhalten der Marquise überzeugt die Mutter endgültig von ihrer Unschuld und es folgt eine theatralische Szene der Versöhnung, in der die Mutter ihre Tochter als „Reinere als Engel" (S. 41, Z. 16) bezeichnet und durch weitere Formulierungen in den Bereich der Heiligen erhebt, was auf den großen Stellenwert der Religion hinweist, die die bürgerlichen Moralvorstellungen formt. Durch die häufige Verwendung religiöser Bezüge

Versöhnung von Mutter und Tochter

Hoher Stellenwert der Religion

wird jedoch die übertriebene Moralvorstellung innerhalb der Gesellschaft und damit auch in der Familie kritisch in den Blick genommen.

Rückkehr ins Haus der Familie

Das Verhalten der Mutter neigt sich nach der Verstoßung nun durch die Versöhnung dem anderen Extrem zu: Sie will sich fortan ganz der Marquise widmen, diese soll „bei [ihr ihr] Wochenlager halten" (S. 42, Z. 1), und sie „*will* keine andre Ehre mehr, als [ihre] Schande" (S. 42, Z. 6). Der gesellschaftliche Druck scheint von ihr gefallen zu sein. Zudem fühlt sie sich in ihrem Handeln bestätigt, da sie durch Missachtung der Anweisungen ihres Mannes ihre Tochter zurückgewonnen hat, die nun ihr höchstes Gut ist, auch wenn dieses mit einem fragwürdigen Mittel geschehen ist. Dementsprechend „fuhren Mutter und Tochter und Enkel, wie im Triumph, wieder nach M… zurück" (S. 42, Z. 14 f.).

Frau von G… als dominantes Familienoberhaupt

Nach der Rückkehr in das Haus der Familie gelingt es der Mutter, nun auch den Vater von der Unschuld seiner Tochter zu überzeugen. Die Reaktion des Obristen, der auf die Neuigkeit hin in Tränen aufgelöst ist und „[w]ie ein Kind" (S. 43, Z. 1) weint, unterstreicht ein weiteres Mal, dass die Mutter die Stärkere der beiden ist und er eher eine Karikatur des Patriarchen seiner Zeit darstellt. Frau von G… ist sich ihrer Überlegenheit zudem deutlich bewusst und zeigt sich ihrem Mann gegenüber dominant und unerbittlich, indem sie darauf besteht, dass sich dieser persönlich bei der Tochter entschuldigt, was ihm, der zuvor zu keiner direkten Kommunikation in der Lage gewesen ist, viel abverlangt. Auch die Formulierungen ihrem Mann und der Tochter gegenüber in dieser Szene zeigen die Mutter deutlich als dominantes Oberhaupt der Familie, die die Situation sichtlich auskostet. Als Vater und Tochter schließlich endlich wieder vereint sind, verlässt seine Frau mit den Worten „es geschehe ihm ganz recht, er werde nun wohl zur Vernunft kommen" (S. 44, Z. 13 f.) das Zimmer. Die Ordnung der Familie ist auf ihr Bestreben hin vordergründig wiederhergestellt.

Sie ist sich ihrer Position als Überlegene, die die Fäden in der Hand hält, dabei jedoch deutlich bewusst.

Abschnitt 21 (S. 44, Z. 16 – S. 45, Z. 20) – Die inzestuöse Szene zwischen Vater und Tochter

Nachdem die Mutter deutlich ihre Macht innerhalb der Familie gezeigt hat, fügt sie sich nun, zufrieden mit der von ihr herbeigeführten Situation innerhalb der Familie, wieder in die ihr zugedachte Rolle als Frau und trifft alle Vorkehrungen, um ihren Mann nach den emotionalen Anstrengungen zu versorgen und zu stärken. Dass sie auch weiterhin als inoffizielles Oberhaupt zu sehen ist, zeigt sich daran, dass sie Vater und Tochter belauscht und die beiden durchs Schlüsselloch beobachtet, was einer Missachtung seiner Autorität gleichkommt.

Verhalten der Mutter

Als die Mutter Vater und Tochter aufsucht, schildert Kleist eine angedeutete inzestuöse Vereinigung von Vater und Tochter, wobei die Marquise „in des Vaters Armen lieg[t]"

Bedeutung der angedeuteten inzestuösen Handlungen

Die Versöhnungsszene zwischen Vater und Tochter (Szene aus der Verfilmung von 1976)

(S. 44, Z. 35), während dieser „lange, heiße und lechzende Küsse [...] auf ihren Mund drückte: gerade wie ein Verliebter!" (S. 44, Z. 36 – S. 45, Z. 1). Auf dem Weg zur Abendtafel gehen sie „wie Brautleute" (S. 45, Z. 16), und auch während des Essens kann der Obrist nicht von der Marquise lassen und spielt „mit der Hand seiner Tochter" (S. 45, Z. 19 f.). Der Vater ist dabei der Aktive, sodass der angedeutete Inzest und die damit einhergehende Bemächtigung der Tochter durch den Vater, der sich wie ein Bräutigam benimmt, die Wiederherstellung der Ordnung verdeutlicht. Der Vater verfügt nun wieder über das Bestimmungsrecht über die Tochter und unterwirft sie sich, bis sie verheiratet ist. Zuvor ist die Tochter dem Vater durch den unbekannten Kindsvater, Graf F..., geraubt worden, der in diesem Fall gleichzeitig den Angriff auf die Zitadelle geleitet und somit Stadt und Tochter erobert hat und dem Vater so gleichzeitig im militärischen und häuslichen Bereich seine Macht genommen hat. Umso stärker genießt der Vater es nun, seine Rechte wieder geltend zu machen. Die Mutter fühlt sich bei dem Anblick der beiden „wie eine Selige" (S. 45, Z. 5), was die Missstände der patriarchalischen Familie noch einmal deutlich unterstreicht. Das Verhalten des Vaters lässt aber durchaus noch einen anderen Schluss zu. Offensichtlich verfolgt er über das Bedürfnis, seine patriarchale Position wiederzugewinnen, auch ein triebgesteuertes, sexuelles Interesse an seiner Tochter, was ihn in den Augen des Lesers zu einer triebbestimmten, schwachen und kritikwürdigen Vaterfigur macht und das gesamte bürgerliche Wertesystem zum Einsturz bringt. Dazu trägt auch bei, dass die Mutter in der Rolle der Zuschauenden dargestellt wird.

Abschnitt 22 (S. 45, Z. 21 – S. 48, Z. 6) – Der Graf gibt sich als Kindsvater zu erkennen

Doppelmoral der Familie

Als der Tag, an dem sich der Kindsvater zu erkennen geben will, näher rückt, sprechen sich Eltern und Bruder dafür aus, die Marquise solle den Erscheinenden nur heiraten, wenn er „von einiger Erträglichkeit sein würde" (S. 45, Z. 26) und eine gewisse finanzielle Sicherheit mitbringe. Das Verhalten der Familie spiegelt hierbei die bürgerliche Doppelmoral wider: Ist die Tochter wegen ihres vermeintlichen Fehltritts noch verstoßen worden, so soll der Mann, der sich ihrer bemächtigt hat, mit ihrer Hand belohnt werden, solange er nur über einen gewissen Stand verfügt. Die Marquise zeigt sich unterdessen von der finanziellen Situation unbeeindruckt und gibt an, den Mann auf jeden Fall zu heiraten, „wenn die Person nur nicht ruchlos wäre" (S. 45, Z. 36), „um dem Kinde, es koste was es wolle, einen Vater zu verschaffen" (S. 45, Z. 37 f.).

Auf Bestreben der Mutter einigt man sich darauf, dass nur die Marquise und Frau von G… den Unbekannten empfangen, da dies für Vater und Sohn zu unschicklich sei (vgl. S. 46, Z. 10 ff.). Die hier vermittelten Rollenbilder, die auf Ehre und Unantastbarkeit des Mannes beruhen, durchziehen die komplette Novelle. So war es der Marquise zum Beispiel auch nur möglich, ihre Ängste bezüglich ihres körperlichen Zustandes in Gegenwart der Mutter zu formulieren. Sobald Herr von G… den Raum betritt, brechen alle Gespräche dieser Art abrupt ab (vgl. Abschnitt 5, S. 21). Herr von G… entzieht sich gerne der für ihn unangenehmen Situation, und so ist es wieder die Mutter, die auf ihr eigenes Betreiben die für die Familie so wichtige Angelegenheit regelt.

Frau von G… nutzt gesellschaftliche Rollenbilder

Mutter und Tochter erwarten zum vereinbarten Termin den Unbekannten, als Leopardo, der Jäger, den die Mutter zuvor für ihre List instrumentalisiert hat (vgl. hierzu Abschnitt 20, S. 51), den Raum betritt, was eine gewisse Komik erzeugt. Leopardo verkündet, dass Graf F… soeben vorgefahren sei. Die Marquise reagiert mit heftigen Gefühlsregungen auf das Erscheinen des Grafen und will die Türen verschließen lassen (vgl. S. 46, Z. 28 ff.), so groß ist ihre

Das Erscheinen des Grafen – Zurschaustellung seiner Machtsymbole

Bestürzung darüber, dass der von ihr so verehrte Herr nun gleichzeitig ihr Schänder ist.

Der Graf erscheint „in genau demselben Kriegsrock, mit Orden und Waffen, wie er sie bei der Eroberung des Forts getragen hatte" (S. 46, Z. 32 ff.), was den Zeitpunkt der Zeugung des Kindes symbolisiert. Auch wenn er seine Tat ehrlich bereut, wie zuvor bereits deutlich geworden ist (vgl. z. B. Abschnitt 6, S. 22), missachtet er durch die Zurschaustellung dieser Machtsymbole zudem ein weiteres Mal die Empfindungen und Bedürfnisse der Marquise und zeigt sich in der Wahrnehmung des aufmerksamen Lesers als selbstbewusster Herrscher, der nun gekommen ist, um die Frau, der er sich zuvor bemächtigt hat, zu erobern.

Die Reaktion der Mutter

Es ist also kein Wunder, dass die Marquise sich der Situation entziehen will, sie wird jedoch von ihrer Mutter (!) davon abgehalten. Als der Graf vor der Marquise eine Pose einnimmt, die für ehrenhafte Heiratsanträge verwendet wird (vgl. S. 47, Z. 7 ff.), erkennt Frau von G… schließlich die Zusammenhänge und beantwortet ihre zuvor gestellte Frage, wen sie denn erwartet hätten, selbst mit dem Ausruf: „Wen sonst, […] wen sonst, wir Sinnberaubten, als ihn –?" (S. 47, Z. 10 ff.) All die Andeutungen, die der Graf bei ihren vorherigen Treffen gestreut hat, ergeben nun plötzlich einen Sinn (vgl. hierzu Abschnitt 6, S. 22), führen jedoch nicht zu einer erwartbaren Reaktion und Bewertung durch die Mutter.

Frau von G… handelt nach gesellschaftlichem Nutzen

Als die Marquise sich weiter entziehen möchte, flüstert diese ihr etwas ins Ohr und versucht sie mit „Du Törin" (S. 47, Z. 14), aus ihrer Sicht zur Vernunft zu rufen. Die Marquise sinkt daraufhin in sich zusammen und Mutter und Graf nehmen sich ihrer an, was bereits Hinweise darauf liefert, dass die Mutter den Grafen trotz des Missbrauchs als würdigen Ehemann akzeptiert. Der Graf ergreift unterdessen zum ersten Mal das Wort und drückt unter Tränen seine Gefühle in der Klimax „Liebe! Gnädige! Verehrungswürdigste!" (S. 47, S. 21) aus, woraufhin die Mutter ihn auffordert, die Marqui-

se zu trösten, so seien sie „alle versöhnt, so ist alles vergeben und vergessen" (S. 47, Z. 24f.). Frau von G… ist also auffallend schnell dazu bereit, eine Versöhnung herbeizuführen, erkennt sie in dem Grafen doch den gewünschten Mann von Stand, der dem Ruf der Familie zuträglich wäre.
Die Marquise dagegen wehrt sich vehement gegen diese Entwicklung und offenbart in einem verbalen Ausbruch ihre Gefühle: „Gehn Sie! Gehn Sie! Gehn Sie! […] auf einen Lasterhaften war ich gefasst, aber auf keinen – – – Teufel!" (S. 47, Z. 28ff.) Es ist die Diskrepanz zwischen der Wahrnehmung des Grafen als engelsgleichem Retter (vgl. Abschnitt 3, S. 18) und der Offenbarung seiner Tat, die die Marquise verzweifeln lässt, sodass der Graf ihr nun als Verkörperung des Bösen, als Teufel, erscheint. Die Idealisierung des Grafen, der nach seinem Vergehen wahre Wundertaten vollbringt, auf der einen Seite und sein moralischer Fehltritt auf der anderen führen dazu, dass er insgesamt als eine widersprüchliche Figur angesehen werden muss. Ob er als Opfer des Krieges gesehen werden kann, der durch die Umstände zu solch einer abscheulichen Tat verführt worden ist, bleibt der Einschätzung des Lesers überlassen.

Engel-Teufel-Motiv

Die Marquise ist mit dieser Entwicklung zunächst vollauf überfordert, da sich der Mann, den sie verehrt hat, nun als der Verursacher ihrer Misere entpuppt, und sie macht ihrem Vater gegenüber – als dieser zusammen mit dem Bruder erscheint – deutlich, dass sie diesen Mann nicht heiraten kann (vgl. S. 48, Z. 2f.). So groß sind ihre Ablehnung und Angst, dass sie sogar zum Weihwasser greift, um sich und die Familie von diesem Bösen zu reinigen (vgl. S. 48, Z. 3ff.), bevor sie den Raum fluchtartig verlässt.

Reaktion der Marquise

Abschnitt 23 (S. 48, Z. 7 – S. 48, Z. 26) – Die Terminierung der Hochzeit auf Anraten der Mutter
Nachdem auch Vater und Bruder die Zusammenhänge erkannt haben, ergreift die Mutter anstelle des Grafen das

Frau von G… als Wortführerin

Wort und setzt sich für eine schnelle Hochzeit ein: „[D]ieser junge Mann bereut von Herzen alles, was geschehen ist; gib deinen Segen, gib, gib: so wird alles noch glücklich endigen." (S. 48, Z. 11 ff.) Wieder ist es die Frau in der Familie, die Anweisungen erteilt und Entscheidungen herbeiführt, die ohne Widerstand ihres Mannes umgesetzt werden. Als der Kommandant den Grafen fragt, wann die Hochzeit stattfinden soll, antwortet abermals die Mutter der Marquise für diesen, sodass man entscheidet, dass die Hochzeit bereits am folgenden Morgen stattfinden soll, denn „dem Herrn Grafen, der so viel schöne Beeiferung gezeigt hat, sein Vergehen wiedergutzumachen, wird immer die nächste Stunde die liebste sein" (S. 48, Z. 20 ff.). Dass die Reaktion der Familie deutlich anders ausgefallen wäre, wenn der Graf von anderer sozialer Stellung wäre, muss nicht weiter erörtert werden.

Frau von G…, die sich bereits im vorherigen Verlauf der Novelle für eine Vermählung der Marquise mit dem Grafen eingesetzt hat, hält auch in dieser Szene die Fäden in der Hand und hat nun ihr Ziel erreicht. Die Männer der Familie, Vater und Sohn, spielen dabei eher eine untergeordnete Rolle, handeln aber ebenso infolge der gesellschaftlichen Prägung, sodass die Hochzeit mit dem Grafen für sie nun eine Wendung zum Guten darstellt, da eine Verbindung mit ihm ihre soziale Stellung stärkt. Die Marquise wird in diese Überlegungen zunächst gar nicht miteinbezogen, sondern die Familie verfügt über sie zum Wohle des guten Rufes.

Abschnitt 24 (S. 48, Z. 27 – S. 49, Z. 16) – Der Ehevertrag und das Verhalten der Marquise

Die Weigerung der Marquise

Nachdem der Termin für die Hochzeit bereits festgelegt worden ist, sucht die Familie das Gespräch mit der Marquise, deren innere Verzweiflung körperliche Ausprägungen angenommen hat: „[S]ie lag im heftigsten Fieber, wollte durchaus von Vermählung nichts wissen, und bat, sie allein zu lassen." (S. 48, Z. 28 ff.) Als die Eltern zu ergründen versuchen, weshalb sie eine Vermählung mit dem Grafen so vehement ablehnt, obwohl sie doch zuvor gewillt war, den Kindsvater auf jeden Fall zu heiraten, kann sie ihre Gefühle nicht verbalisieren. Die Mutter appelliert daraufhin an ihre Vernunft und ihr Verantwortungsbewusstsein, da sie an die Kinder denken müsse (vgl. S. 48, Z. 34 f.), worauf sie zu verstehen gibt, „dass sie, in diesem Falle, mehr an sich, als ihr Kind, denken müsse" (S. 48, Z. 35 f.), was verdeutlicht, wie sehr sie die Zerstörung des idealisierten Bildes des Grafen getroffen hat, da die Marquise zuvor stets das Sinnbild der Tugend verkörpert hat in Form der Witwe, die sich für ihre Familie aufopfert und allen Anforderungen der Gesellschaft entspricht. Nun fühlt sie sich jedoch nicht dazu in der Lage, die ihr auferlegten Erwartungen zu erfüllen, und versucht, sich der Familie zu widersetzen.

Erst als der Vater ihr einen Ehevertrag vorlegt, in dem der Graf „auf alle Rechte eines Gemahls" (S. 49, Z. 4) verzichtet, gleichzeitig aber die Einhaltung aller ihm auferlegten Pflichten garantiert, siegt der Verstand über das Gefühl, und so besteigt die Marquise, „ohne ein Wort zu sprechen" (S. 49, Z. 14), den Wagen, der sie zur Kirche bringen soll. Die Marquise von O… erscheint nun als gebrochene Frau, die den Akt der Emanzipation, den sie zuvor auf dem Landgut durchlaufen hat (vgl. hierzu Abschnitt 14, S. 40), nicht aufrechterhalten kann und sich den Forderungen der Familie, und somit der Gesellschaft, fügt. Kleists Novelle zeigt also Ansätze der Emanzipation der Frau, die zu seiner Zeit jedoch nur bedingt erfolgreich sein konnten.

Aufgabe der Emanzipation?

Abschnitt 25 (S. 49, Z. 17 – S. 50, Z. 27) – Zwei Hochzeiten

Nachdem die Trauung stattgefunden hat, während derer sich die Marquise distanziert und kühl gezeigt und der Graf, ein Mann von Stand, sich unbeholfen und kleinlaut verhal-

Umgekehrte Rollen

ten hat, bezieht dieser eine Wohnung in M…, während die Marquise weiterhin im Haus ihrer Eltern verbleibt. Es vergehen Monate, in denen der Graf das Haus der Kommandantenfamilie nicht betritt, und er hat es nur „seinem zarten, würdigen und völlig musterhaften Betragen" (S. 49, Z. 31 f.) zu verdanken, dass man ihn zur Taufe seines Sohnes einlädt, den die Marquise in der Zwischenzeit geboren hat. Der Graf büßt also weiterhin für seine Tat, ohne sich zu beschweren, und zeigt ehrliche Reue. Erschien er einst der Marquise als Engel, so hat sich diese Wahrnehmung nun vertauscht, denn er verehrt seine Frau und die Mutter seines Kindes geradezu, grüßt sie „ehrfurchtsvoll" „von Weitem" (S. 50, Z. 3) und beschwert sich mit keinem Wort über die Situation.

Einfluss der Mutter

Erst nach einem sehr großzügigen Taufgeschenk und einem Testament, das die Marquise als Erbin seines gesamten Vermögens bestimmt, verstärkt sich der Kontakt auf Betreiben der Mutter, die ihn nun öfter zu Veranstaltungen einlädt (vgl. S. 50, Z. 10 f.), sodass er bald jeden Abend dort verbringt. Es ist also wieder die Mutter, die nach der finanziellen Großzügigkeit tätig wird und so schließlich eine Versöhnung herbeiführt.

Zweite, selbstbestimmte Hochzeit

Der Graf nimmt sein Werben wieder auf, da er fühlt, „dass ihm von allen Seiten […] verziehen sei" (S. 50, Z. 13 ff.), und so macht er seiner Frau nach einem Jahr einen erneuten Antrag und man feiert ein zweites Mal Hochzeit, „froher, als die erste" (S. 50, Z. 18), und die Familie zieht gemeinsam nach V… auf das Landgut, dass die Marquise schon immer zu bewohnen gewünscht hat (vgl. hierzu z. B. Abschnitt 5, S. 21). Das Leben auf dem Landgut kann also als Symbol eines glücklicheren und selbstbestimmteren Lebens verstanden werden, wo die strengen Normen der Gesellschaft nicht so präsent sind und das Individuum im Vordergrund steht. Es folgen weitere Kinder und die Marquise scheint nun ein zufriedenes Leben zu führen.

Als ihr Mann sie „in einer glücklichen Stunde" (S. 50, Z. 21) fragt, warum sie eine Hochzeit mit ihm so vehement abgelehnt habe, als sie erfahren hat, dass er der Vater des Kindes ist, antwortet sie: „Er würde ihr damals nicht wie der Teufel erschienen sein, wenn er ihr nicht, bei seiner ersten Erscheinung, wie ein Engel vorgekommen wäre." (S. 50, Z. 25 ff.) Die Novelle endet also mit der Überwindung der Sprachlosigkeit, da die Eheleute nun wahre Nähe verspüren. Auch die zentralen Symbole der Novelle, die Gegensätzlichkeit „Engel und Teufel", werden hier noch einmal aufgegriffen und in ihrer zentralen Bedeutung hervorgehoben, da so die fließende Grenze zwischen Unschuld und Schuld verdeutlicht wird.

Ende der Sprachlosigkeit

Das vordergründig glückliche Ende muss aber durchaus auch kritisch betrachtet werden, da die Marquise sich nach ihrer zwischenzeitlichen Emanzipation (vgl. Abschnitt 14, S. 40) nun erneut in das erwartete Rollenbild der Frau fügt, indem sie den Grafen ein zweites Mal heiratet und „[e]ine ganze Reihe von jungen Russen" (S. 50, Z. 20) dem ersten gemeinsamen Kind folgen. Ihre Emanzipation ist also nur von kurzer Dauer und letztendlich erfüllt sie zum Schluss wieder das ihr vorgegebene Bild der Frau, sodass Kleists Gesellschaftskritik, die Determination des Einzelnen durch die Gesellschaft, am Ende deutlich zu erkennen ist. Die Marquise hat aber doch einen kleinen Sieg davongetragen, da sie sich dem Grafen erst öffnet, als er ihr Herz erobert hat.

Bewertung des Endes

Hintergründe

Der zeitgeschichtliche Hintergrund

Zeit des Umbruchs

Kleist lebte in einer Zeit, die geprägt war von Umbrüchen und großen Veränderungen, sowohl auf gesellschaftlicher als auch auf politischer Ebene. Überall waren die Folgen und der Einfluss der Französischen Revolution zu spüren, die 1789 losbrach und zur Abschaffung des Absolutismus und der Ständegesellschaft führte. Damit einher ging die Erklärung der Menschen- und Bürgerrechte, die am 26. August 1789 verabschiedet wurden. Zentraler Gedanke dabei war die Aussage „Von ihrer Geburt an sind und bleiben die Menschen frei und an Rechten einander gleich"[1]. Freiheit und Gleichheit waren nun also bestimmend für die gesellschaftlichen Strukturen, zudem sollte jeder Bürger das Recht auf Eigentum und demokratische Mitbestimmung haben.

Französische Revolution und Koalitionskriege

Die Gedanken der Französischen Revolution verbreiteten sich wie ein Lauffeuer in ganz Europa und die Herrscher anderer Großmächte sahen von dem neuartigen Gedankengut der Revolution ihre Macht bedroht, weshalb Österreich und Preußen in wechselnden Bündnissen von 1792–1815 fast durchgängig Krieg gegen Frankreich führten, um ihre eigenen Strukturen aufrechtzuerhalten. Es waren Jahre der Unruhe, in denen sich das Bild Europas durch die Koalitionskriege stetig veränderte.

Der sogenannte zweite Koalitionskrieg, in dem norditalienische Provinzen gemeinsam mit Frankreich gegen eine Koalition aus Großbritannien, Russland und Österreich kämpften, bildet dabei den historischen Hintergrund des Geschehens in der Novelle „Die Marquise von O...".

---

[1] Zitiert nach Kuhn: Die Französische Revolution, S. 218.

Der zeitgeschichtliche Hintergrund

Napoleon Bonaparte in der Schlacht zu Pferd

Napoleon Bonaparte, der seit 1799 Frankreich regierte, gelang es, immer mehr Staaten zu unterwerfen. Als Preußen in der Schlacht bei Jena und Auerstedt 1806 gegen Napoleon eine Niederlage erfuhr, wurden in Preußen nach dem Frieden von Tilsit im Juli 1807 umfassende Reformen durchgeführt. Heinrich Friedrich Karl Freiherr vom Stein (1757 – 1831) und Karl August Fürst von Hardenberg (1750 – 1822) waren dabei die treibenden Kräfte für die staatliche Neuordnung. Allen Untertanen des preußischen Königs wurde die freie Berufswahl zugestanden, zudem wurde die Erbuntertänigkeit der Bauern aufgehoben und jeder hatte das Recht des Eigentumserwerbs. Es folgten Militärreformen und Reformen des Bildungswesens, welche das Bürgertum stärkten.

Reformen

Durch die Reformen und die damit einhergehende Umstrukturierung der Gesellschaft kam es zunehmend zum politischen Aufstieg des Bürgertums. Ideale und Tugenden des Bürgertums wurden zum Leitbild der Gesellschaft, so orientierte sich zunehmend auch der Adel an den Strukturen und dem Wertesystem der bürgerlichen Familie, die sich an religiös geprägten Werten und solchen wie Tugendhaftigkeit, Keuschheit, Fleiß, Dominanz des Vaters etc. orientierte.

Aufstieg des Bürgertums

Viele dieser Aspekte sind auch in dem Stoff der Novelle zu finden, wobei Kleist in der Darstellung der Brüchigkeit dieses bürgerlichen Wertesystems in Deutschland seiner Zeit voraus ist. Gerade die Auswirkungen des Krieges bis in die

Bezug zur Novelle „Die Marquise von O…"

familiären Räume hinein sind sehr präsent, und auch die stark am Bürgertum orientierte Sittsamkeit der Tochter der Familie, die dem niederen Adel zugehört, spiegelt den Geist der Zeit. Im Fokus der Novelle steht auch die Rolle der Frau, die sich langsam ändert und im Laufe des 19. Jahrhunderts gestärkt werden wird. Die emanzipatorischen Gedanken Kleists waren seiner Zeit dabei ebenfalls voraus.

Epoche der Aufklärung

Ideengeschichtlich waren zur Zeit Kleists noch die Einflüsse der Epoche der Aufklärung zu spüren, die Europa maßgeblich beeinflusst hat und als Auslöser der Französischen Revolution gesehen werden kann. Leitgedanken dieser Strömung waren Gleichheit und Freiheit aller Menschen, Toleranz der Religionen und ein moderner Verfassungsstaat anstelle des Absolutismus.

Verstand und Wissen standen nun über Glaube und Gefühl und sollten den Menschen leiten. Immanuel Kant (1724–1804) formulierte den Wahlspruch der Aufklärung, die wohl bedeutsamste These des deutschen Philosophen: *„Sapere aude! Habe Mut, dich deines eigenen Verstandes zu bedienen!" (1784)*

Frage der Epochenzuordnung

Die Epoche der Aufklärung stellt also den mündigen Menschen in den Mittelpunkt. Kann die Novelle „Die Marquise von O..." also als Geschichte einer Aufklärung verstanden werden,

Beantwortung der Frage: Was ist Aufklärung?, 1784

in der die Marquise zu sich selbst findet und sich von den Vorgaben anderer befreit?

Die Marquise stellt sicher kein Ideal der Epoche der Aufklärung dar. Wo ist sie aber dann einzuordnen? Diese Frage kann nicht eindeutig beantwortet werden. Kleists Novelle ist im frühen 19. Jahrhundert entstanden, einer Zeit des Epochenumbruchs. Neben der Epoche der Aufklärung (ca. 1720–1800), die den vernunftbegabten Menschen in den Mittelpunkt stellt, und der Epoche der Weimarer Klassik (ca. 1786–1805), deren Menschenbild geprägt ist von dem Anspruch nach Harmonie, dem Überwinden von Extremen und wie in der Epoche der Aufklärung dem Glauben an eine den Menschen leitende, natürliche Ordnung, trat die Epoche der Romantik (ca. 1795–1840), die in der Zusammenführung von Rationalität und Emotionalität, aber auch im Fantastischen und in der Betonung der „dunklen", irrationalen Seite des Menschen ihre Schwerpunkte sah, immer mehr in den Vordergrund.

Kleists Novelle lässt sich keiner dieser Strömungen zuordnen. Sein Werk hebt sich von den typischen Vertretern der Zeit deutlich ab, was der Modernität seines Denkens zuzuschreiben ist. Er bedient sich nicht einer allgemeingültigen Form oder dem Gedankengut seiner Zeit, sondern folgt seinen eigenen Auffassungen. Diese Andersartigkeit seiner Werke ist sicher ein Grund, weshalb er zeitlebens im Schatten der großen Epochenvertreter seiner Zeit stand und anders als Goethe (1749–1832) und Schiller (1759–1805) erst Jahre später gerühmt wurde.

Modernität Kleists

Die Rolle der Frau um 1800

Das Leben der Frauen des Adels und Bürgertums um 1800 beschränkte sich zumeist auf den familiären Kreis, auf politischer Ebene waren sie nicht vertreten und sie waren ih-

Trennung der Wirkungsbereiche

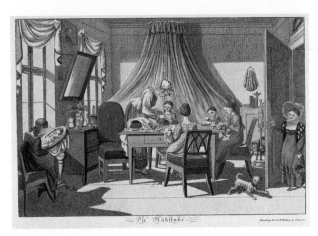

Der Wirkungsbereich der Frau beschränkte sich auf die Familie und das Haus

rem Mann untergeordnet und erlernten keinen Beruf. Es gab eine deutliche Trennung der Wirkungsbereiche der Geschlechter: Während die Männer ihren Bereich in der Öffentlichkeit hatten, war den Frauen der häusliche Bereich als Wirkungsstätte vorherbestimmt.

Bildung Dementsprechend beschränkte sich die Bildung der Mädchen auf das Lesen und Schreiben und eine grundlegende Wissensvermittlung. Die Töchter aus guter Familie lernten Künste wie das Klavierspielen, Zeichnen, Singen und Tanzen, in Naturwissenschaften wurden sie jedoch nicht unterrichtet. Die Erziehung und Bildung der Mädchen war darauf ausgelegt, sie gut verheiraten zu können und sie darauf vorzubereiten, gesellschaftlich die Familie zu repräsentieren.

Ehe im Adel … Die zugedachte Rolle der Frau war die der Ehefrau und Mutter, ihre Position war also vorherbestimmt und von gesellschaftlichen Konventionen geprägt. Die Hochzeit wurde dabei meist zwischen zwei Familien verhandelt und beschlossen, wobei auch die adelige Frau selbst meist kein

Mitspracherecht hatte und der Nutzen für die Familie im Vordergrund stand, nicht die Neigung.

Im Bürgertum dagegen kam langsam das Konzept der Liebesheirat auf, wobei sich Mann und Frau selbst füreinander entschieden. Damit einher ging die Vorstellung, dass Sexualität nur innerhalb der Ehe ausgelebt werden durfte. Außereheliche Beziehungen galten als skandalös und sittenwidrig und unterlagen der gesellschaftlichen Ächtung. Demzufolge war die Schwangerschaft einer alleinstehenden bürgerlichen Frau problematisch, da sie Schande über die gesamte Familie brachte und zur Verstoßung der Schwangeren führte.

… und im Bürgertum

Es war die Aufgabe der Frau, den Haushalt zu führen und die Erziehung der Kinder zu übernehmen. Im höheren Adel gab es zudem Dienstmädchen, Kinderfrauen und Hauslehrer, sodass die Dame des Hauses oft lediglich die Aufgaben zu delegieren hatte und ohne sinnvolle Beschäftigung blieb, was häufig zu Langeweile und Lethargie führte. Einige Damen verschrieben sich deshalb der Förderung von Schriftstellern und Künstlern und widmeten sich ihrerseits selbst den Künsten. Das Bild der Frau war dabei geprägt von Tugendhaftigkeit und Sittsamkeit.

Aufgaben der Frau

Nicht die Frau selbst war für sich verantwortlich, sie unterstand vielmehr ihrem Ehemann oder aber als Witwe ihrem Vater oder Bruder. Durch die patriarchalischen Strukturen war die Frau also dem Mann unterworfen.

Abhängigkeit der Frau

Kleist hat diesem Rollenbild der Frau den Spiegel vorgehalten. Bereits zu Beginn der Novelle wird die Marquise als „eine Dame von vortrefflichem Ruf" (S. 5, Z. 4 f.) beschrieben, die ihre Erfüllung in Kindererziehung, Hausarbeiten, Kunst und Lektüre und der Pflege ihrer Eltern findet. Nach dem Tod ihres Mannes ist sie wieder dem Vater unterstellt und fügt sich seinen Wünschen. Sie scheint zunächst die idealtypische, sittsame Frau zu verkörpern, die sich aufopfernd um ihre Familie kümmert und eigene Bedürfnisse hintan-

Bezug zur Novelle „Die Marquise von O…"

stellt. Als der Graf um ihre Hand anhält, gesteht sie es sich nicht zu, eine Entscheidung in dieser Sache zu treffen, und schließt sich den Meinungen der Familie an.

Kleists Figur bricht gesellschaftliche Konventionen

Doch dieses Familienidyll ist brüchig, und so gelingt es Kleist, eine Frauenfigur zu schaffen, die sich den starren Vorgaben der Zeit widersetzt und an dem ihr zugefügten Unrecht wächst, als sie von der Familie aufgrund der Schwangerschaft verstoßen wird. Sie durchläuft einen Prozess der Selbstfindung und grenzt sich von den Erwartungen der Familie und somit der Gesellschaft ab und wird zu einer stärkeren, selbstbestimmteren Frau, die eigenverantwortlich handelt, indem sie die Zeitungsannonce aufgibt und sich somit von den Konventionen der Zeit befreit. Auch wenn sie sich später wieder der Familie unterordnet, so akzeptiert sie ihren Ehemann erst, als er ihre Gunst erneut gewonnen hat, und steht so für ihre eigenen Bedürfnisse ein. Die zweite Hochzeit des Ehepaares kann durchaus als Liebeshochzeit charakterisiert werden.

Brüchigkeit der patriarchalischen Strukturen und damit des bürgerlichen Wertesystems

Die Brüchigkeit der patriarchalischen Strukturen und des bürgerlichen Wertesystems wird ebenfalls besonders in der Beziehung der Eltern deutlich, in der der Obrist nach außen das starke Oberhaupt der Familie verkörpert, das Befehle und Anweisungen erteilt. Bei genauerem Hinsehen ist aber zu erkennen, dass es seine Frau ist, die ihren Willen durchsetzt. Auch wenn sie vorgibt, sich in ihre Rolle als Ehefrau zu fügen, lenkt sie Entscheidungsprozesse geschickt nach ihrem Belieben, wie zum Beispiel bei den Bemühungen des Grafen um die Marquise deutlich wird (vgl. hierzu Abschnitt 8, S. 28). Zudem hält sie nicht starr an den Konventionen der Zeit fest und eröffnet der Marquise, dass sie einen „Fehltritt […] verzeihn" (S. 27, Z. 3 ff.) würde, wenn diese nur ehrlich zu ihr wäre, und sie somit über ein nicht eheliches Verhältnis trotz der strengen Moralvorstellungen der Zeit hinwegsehen würde. Im Laufe der Novelle emanzipiert sie sich sogar noch stärker, indem sie sich offen ihrem Mann widersetzt, der ihr den Kontakt mit der Marquise untersagt. Frau von G… fährt dennoch zu ihrer Tochter auf das Landgut, stellt sie auf die Probe und führt so schließlich die Versöhnung herbei. Sie ist also die treibende Kraft innerhalb der Familie. Nach diesem Erfolg zeigt sie sich im häuslichen Bereich noch dominanter und erteilt ihrem Mann sogar Anweisungen; die Machtverhältnisse innerhalb der Familie sind also umgekehrt.

In der Novelle „Die Marquise von O…" wird durch das Vorführen zweier starker Frauen also deutlich Kritik an dem Rollenbild der Frau geübt. Kleist selbst hatte ein Frauenbild, das seiner Zeit weit voraus war; dass dieses jedoch in der Gesellschaft noch nicht Bestand haben konnte, führt er mit der Rückkehr der Marquise in die Abhängigkeit der Familie vor Augen. Die Marquise ist weiterhin Produkt ihrer Erziehung und kann sich nur zeitweise von den gesellschaftlichen Zwängen befreien. Aus diesem Grund vereinen Kleists Frauenfiguren viele Widersprüche in sich, so ist die Marquise eine sittsame und rücksichtsvolle Tochter, Frau mit Liebessehnsucht, Rebellin und Fügsame zugleich.

Kleists Kritik am Rollenbild der Frau

Besonderheiten im Leben Kleists

Heinrich von Kleist wurde am 18. Oktober 1777 als ältester Sohn des Stabskapitäns Joachim Friedrich von Kleist und dessen zweiter Frau Juliane Ulrike, geb. Pannwitz, in Frankfurt an der Oder geboren. Kleist hatte insgesamt sechs Geschwister und wurde nach dem Tod seines Vaters 1788 zur Erziehung nach Berlin gegeben, wo sich der Prediger S. H. Catel um ihn kümmerte. Zu seiner Halbschwester Ulrike hatte er ein besonders inniges Verhältnis und stand mit ihr bis zu seinem Tod am 21. November 1811 in engem Kontakt.

Familiäre Herkunft

Kleist war zeit seines Lebens darum bemüht, Anerkennung zu erlangen, welche ihm jedoch größtenteils versagt blieb.

Misserfolge

Beruflich war er wenig erfolgreich: Seinen Militärdienst, den er 1792 aufnahm, was nicht weiter verwunderlich war, stammt er doch aus einer preußischen Offiziersfamilie, beendete er 1799, ohne dort nennenswerte Erfolge gesammelt zu haben, da ihm der Drill beim Militär und die harten Umgangsformen stark zusetzten. Auch das Studium der

Heinrich von Kleist (Kreidezeichnung)

Mathematik und Physik, das er im Anschluss daran an der Universität Frankfurt/Oder aufnahm, brach er nach nur drei Semestern ab. Es folgte die Rückkehr nach Berlin, wo er die Vorbereitung auf den Staatsdienst durchlief und als Volontär im preußischen Wirtschaftsministerium tätig war. Doch auch diese Tätigkeit übte er nicht lange aus, sodass er beruflich in seinem kurzen Leben, das er 1811 selbst beendete, keine Erfolge erfahren konnte.

Auch privat gelang es Kleist nicht, sein Glück zu finden. Zwar erfolgte 1800 die Verlobung mit Wilhelmine von Zenge (1780–1852), der Tochter des Frankfurter Garnisonschefs, welche Kleist 1802 jedoch wieder löste.

Die Kant-Krise Kleist beschäftigte sich mit philosophischen Schriften. In seiner verzweifelten Suche nach seiner eigenen Identität beeinflussten ihn die Schriften Kants[1] maßgeblich, und er verfiel durch die Lektüre 1801 in eine große Identitätskrise, da er den Schriften entnahm, dass es keine objektive Wahrheit gebe bzw. dass es dem Menschen unmöglich sei, die

---

[1] Kant war der bedeutendste Philosoph der Epoche der Aufklärung, der die Menschen dazu aufrief, den Mut aufzubringen, sich des eigenen Verstandes zu bedienen.

Wirklichkeit objektiv zu erkennen. In einem seiner Briefe an seine Verlobte Wilhelmine schrieb Kleist:
„Wenn alle Menschen statt der Augen grüne Gläser hätten, so würden sie urteilen müssen, die Gegenstände, welche sie dadurch erblicken, *sind* grün – und nie würden sie entscheiden können, ob ihr Auge ihnen die Dinge zeigt, wie sie sind, oder ob es nicht etwas zu ihnen hinzutut, was nicht ihnen, sondern dem Auge gehört. So ist es mit dem Verstande. Wir können nicht entscheiden, ob das, was wir Wahrheit nennen, wahrhaft Wahrheit ist oder ob es uns nur so scheint."[1]
Durch diese Erkenntnis verfiel Kleist in tiefe Verzweiflung, da er immer der Überzeugung war, dass „*Bildung* […] das einzige Ziel, das des Bestrebens, *Wahrheit* der einzige Reichtum, der des Besitzes würdig"[2] seien. Seine Weltanschauung wurde also in den Grundfesten erschüttert und die Erkenntnis, dass der Mensch nicht unterscheiden kann, ob etwas tatsächlich der Wahrheit entspricht oder nur so scheint, ließ ihn verzweifeln. Gefangen in der sogenannten „Kant-Krise" brach er sein Studium ab, da er nach dieser Auffassung so keine Wahrheit finden konnte, weshalb das Studium der (Natur-)Wissenschaft hinfällig war. Stattdessen wollte er sich fortan nur noch der Kunst widmen und suchte Zerstreuung in Kneipen und Theatern und tätigte viele Reisen. Was ihm blieb, war seine Begabung zur Dichtkunst.

Es folgte eine unstete Zeit, in der Kleist, teilweise mit seiner ihm nahestehenden Halbschwester Ulrike, viel reiste und u. a. Paris und die Schweiz, Italien und Frankreich besuchte. Wirklich zur Ruhe kam er jedoch nie und er äußerte Bekannten gegenüber Selbstmordgedanken, die er versuchte, zu ersticken. Als er 1803 in die französische Armee ein-

Unstetes Leben und Selbstmordgedanken

---

[1] Heinrich von Kleist: Brief an Wilhelmine von Zenge, Textausgabe, S. 82–86.
[2] Ebd., S. 83.

treten wollte, jedoch auf Ablehnung stieß, erlitt er einen schweren Zusammenbruch und die Selbstmordgedanken intensivierten sich.

1805 wurde Kleist in den preußischen Staatsdienst übernommen. In dieser Zeit entstanden u. a. seine wohl bekanntesten Werke „Michael Kohlhaas" (Erzählung) und „Der zerbrochene Krug" (Lustspiel). Als Kleist 1807 von den Franzosen als Spion verhaftet wurde, verbrachte er fast ein halbes Jahr im Gefängnis, was ihm physisch und psychisch sehr zusetzte. Nach seiner Freilassung nahm er den Staatsdienst nicht wieder auf.

Fehlende Anerkennung wegen der Modernität seines Denkens

Nachdem Kleist bereits einige Dramen und Erzählungen verfasst hatte, der Erfolg jedoch ausgeblieben war, gab er 1808 zusammen mit Adam Müller[1] die Kunstzeitschrift „Phöbus" heraus, welche 1809 wieder eingestellt wurde. In dieser Zeitschrift wurden seine wohl bekanntesten Erzählungen „Das Erdbeben in Chili", „Michael Kohlhaas" und auch „Die Marquise von O…" veröffentlicht. Die Reaktionen auf die Novelle „Die Marquise von O…" waren eher negativ, man war der Auffassung, der Stoff sei geschmacklos und sittenwidrig und die Novelle sei flach. Die Leser um 1800 waren von den Tabubrüchen, die Kleist in seiner Novelle beging, überfordert, und auch seine anderen Werke stießen zu seinen Lebzeiten nicht auf Ruhm, so wurde das Drama „Der Prinz von Homburg" erst nach seinem Tod gedruckt und aufgeführt. 1808 musste Kleist zudem einen weiteren Rückschlag erfahren, als sich die von Goethe in Weimar inszenierte Aufführung des Lustspiels „Der zerbrochene Krug" als großer Misserfolg erwies. Kleists Werke, in denen sich sein pessimistisches Weltbild widerspiegelt, in dem der Mensch begrenzt in seiner Erkenntnisfähigkeit und deshalb oft orientierungslos ist und willkürliche Machtausübung ihn einschränkt, waren dem Publikum sei-

---

[1] dt. Philosoph, Ökonom und Staatstheoretiker (1779–1829)

Besonderheiten im Leben Kleists 75

Titelblatt des „Phöbus"

ner Zeit weit voraus und für die konservative Gesellschaft zu modern. Dass diese Macht auch ein Teil seiner eigenen Persönlichkeit sein kann, nämlich seine Triebstruktur, beschreibt der Wiener Arzt und Psychoanalytiker Siegmund Freud (1856–1939) ca. 100 Jahre später. In dieser Erkenntnis ist Kleist seiner Zeit ebenfalls weit voraus.

Nach rastlosen Jahren beging Kleist im Alter von nur 34 Jahren am 21. November 1811 gemeinsam mit der verheirateten und krebskranken Henriette Vogel (1780–1811) Selbstmord. Auch wenn Kleist Henriette erst 1809 kennenlernte, verband die beiden eine Liebe, die sie nicht ausleben konnten. In einem Brief spricht sie Kleist mit „Mein

Selbstmord

Henriette Vogel

Werther"[1] an, der Protagonist aus dem sehr populären Briefroman „Die Leiden des jungen Werthers" von J.W. Goethe, der an der Liebe zu einer verlobten Frau verzweifelt und seine Stellung in der Gesellschaft nicht finden kann und sich schließlich das Leben nimmt. Die Parallelen zwischen dieser literarischen Figur und Kleist sind offensichtlich.

Kleist und Henriette Vogel entschieden sich dazu, die Welt zu verlassen, indem Kleist zunächst Henriette erschoss und sich anschließend selbst mit einem Kopfschuss das Leben nahm.

Sein persönliches Glück und die angestrebte Anerkennung sind ihm bis zu seinem Lebensende versagt geblieben, und Kleist starb als Mann, der seinen Platz in der Gesellschaft nie gefunden hat und der der Meinung war, dass ihm „auf Erden nicht zu helfen war"[2].

Grabstein in Berlin

---

[1] Zitiert nach Kraft: Kleist, S. 217.
[2] Kleist in dem Abschiedsbrief an seine Schwester Ulrike, zitiert nach Schulz: Kleist.

Das Besondere an Kleists Erzählweise

Kleists Novelle wirkt auf den modernen Leser auf den ersten Blick sperrig und gegebenenfalls schwer verständlich. Dies liegt an einigen Besonderheiten des verwendeten Schreibstils, der die Erzählung oft steif und z. T. sehr sachlich und nüchtern klingen lässt.

Zunächst einmal wird der Leser gleich zu Beginn mit Abkürzungen konfrontiert. Weder die Namen der handelnden Figuren noch die Orte werden ganz benannt, wodurch eine geheimnisvolle und Spannung erzeugende Atmosphäre entsteht und eine gewisse Erwartungshaltung erzeugt wird, da die nun folgenden Ereignisse so prekär zu sein scheinen, dass die beteiligten Personen, die wie die Handlung selbst dem Reich der Fiktion zugehörig sind, offensichtlich nicht namentlich genannt werden können.

Funktion der Abkürzungen

Der Eindruck des sperrigen Stils wird durch die Verwendung einer insgesamt komplizierten Syntax hervorgerufen. Kleists Sätze erstrecken sich nicht selten über mehrere Zeilen und enthalten Konjunktionalsätze und dass-Konstruktionen, welche von einer eigenwilligen Interpunktion begleitet werden, die keinen festen Regeln folgt. Kommata werden aus rhythmischen und inhaltlichen Gründen gesetzt und generell verwendet Kleist die Zeichensetzung nach eigenem Belieben. Die Anführungszeichen bei direkter Rede fehlen meist, es gibt viele Gedankenstriche und die einzelnen Absätze sind recht lang. Deutlich erkennbar ist die Absicht, die Teile eines komplexen Handlungsgeschehens in ihrer Abfolge und z. T. in ihrer Gleichzeitigkeit in einem Satzzusammenhang wiederzugeben, etwa vergleichbar mit einer Filmszene, die aus vielen, schnell aufeinanderfolgenden und hastig geschnittenen Einzelsequenzen besteht.

Komplizierte Syntax

Gehobene Sprache

Hinzu kommt die Verwendung einer gehobenen Sprache, die als Spiegel des gesellschaftlichen Kreises, in dem die Handlung verortet ist, fungiert. Die Tochter siezt die Eltern, es finden sich Fachbegriffe aus dem Bereich des Militärs und andere Fremdwörter. Die Verwendung der gehobenen Sprache unterstreicht dabei, wie unerhört die Geschehnisse sind, da die mysteriöse Schwangerschaft einen deutlichen Kontrast zum tadellosen Ruf der Marquise als sittsame Adlige bildet.

Haltung des Erzählers

Die Sprache des insgesamt allwissenden Erzählers ähnelt gelegentlich einer eher spröden und distanzierten Amtssprache. Der Eindruck des Berichtstils wird durch die Verwendung indirekter Rede unterstützt, wodurch der Erzähler die Distanz zu dem Erzählten noch weiter ausbaut. Er kennt zwar den Verlauf des Geschehens und dessen Vorgeschichte, hält sich ansonsten jedoch weitgehend heraus, erlaubt sich mit wenigen Ausnahmen keine Wertung und versucht, möglichst wenig mit den Schilderungen in Verbindung gebracht zu werden. Auch wenn die indirekte Rede recht konsequent eingesetzt wird, gibt es doch einige Abweichungen von diesem Muster, gerade bei Gefühlsausbrüchen und drastischen Aussagen, die der Erzähler nicht umformt.

Sprachlosigkeit als Spiegel gesellschaftlicher Zwänge

Besonders auffällig ist vor allem aber auch das, was nicht gesagt wird. Häufig reagieren die Figuren nicht verbal, nur ihr körperlicher Zustand gibt Aufschluss über ihr Befinden. Gedanken werden ausgespart und der Erzähler bedient sich entsprechend dem Berichtstil konsequent der Außensicht. Oft wird darauf hingewiesen, dass den Figuren *die Sprache ausgeht*, ein Hinweis auf die engen Konventionen der Zeit, die es ihnen nicht erlaubt bzw. sie nicht dazu befähigt hat, mit emotionalen Überforderungen umzugehen. Was nicht geschehen darf, darf und kann auch nicht besprochen werden. Die Figuren sind also regelrecht durch eine Form der Sprachlosigkeit gekennzeichnet, während ihre Körpersprache ihre innersten Zustände dennoch verrät, indem sie erröten oder blass werden.

Höhepunkt der Sprachlosigkeit bildet die Schilderung der Vergewaltigung, die schlichtweg nicht vorhanden ist, obwohl sie Auslöser der gesamten Ereignisse ist. Lediglich der Gedankenstrich weist auf die folgenschwere Tat hin und symbolisiert somit die Sprachlosigkeit, die nicht nur die Figuren, sondern auch den Erzähler selbst dominiert.

Zudem verwendet Kleist einige Symbole, so zum Beispiel den Schwan, der für die Reinheit und für die Marquise steht, die dann von einem Eindringling beschmutzt wird. Auch gibt es Bilder aus dem religiösen Bereich, wenn etwa die Schwangerschaft der Marquise mit der unbefleckten Empfängnis Marias verglichen wird. Ein weiterer großer Bildbereich ist der des Militärs, so wird eben nicht nur die Zitadelle erobert, sondern auch noch die Tochter des Kommandanten. Unbedingt ist außerdem das symbolisch zu verstehende Engel-Teufel-Motiv zu nennen, das sich durch die ganze Novelle zieht und die Vielschichtigkeit der menschlichen Natur präsentiert. *Symbolik*

Neben der Symbolik greift Kleist aber auch auf Komik, Ironie und groteske Formulierungen zurück, um Missstände vor Augen zu führen. Gerade die Aussage „[a]lles kehrte nun in die alte Ordnung der Dinge zurück" (S. 11, Z. 14 f.) führt ironisch die von Kleist angeprangerten Strukturen vor Augen, da anschließend die Abhängigkeit der Tochter von der Familie, die mit der Erfüllung des Rollenbildes der tugendhaften Dame einhergeht und Bedürfnisse außer Acht lässt, präsentiert wird. *Komik und Ironie*

Insgesamt reagiert Kleist mit seiner Sprache auf die unsteten Zustände der Zeit, die sich in seiner eigenwilligen Form der Interpunktion und den langen verschachtelten Sätzen zeigen, und kritisiert so auch die starren Konventionen und die damit einhergehende Doppelmoral. Menschliche Regungen werden verschwiegen und Sprachlosigkeit und Schweigen dominieren. *Sprache als Instrument der Kritik*

Novellentheorie

Realitätsbezug, Neuigkeitscharakter und Konzentration auf ein krisenhaftes Ereignis

Die Novelle als literarische Gattung, deren Name sich aus den Wörtern *novella* (ital.) und *novus* (lat.) (= (kleine) Neuigkeit) ableiten lässt, lässt sich nur schwer nach einem festen Muster definieren, dennoch gibt es einige Aspekte dieser Gattung, die diese kennzeichnen und von anderen Formen der Literatur abgrenzen. Dazu gehören neben dem *Realitätsbezug der Handlung* auch der *Neuigkeitscharakter des Erzählten* und die *Konzentration der Handlung auf ein krisenhaftes Ereignis oder einen Grundkonflikt*. Diese drei Aspekte werden in der Novelle „Die Marquise von O…" ohne Frage erfüllt. Der Realitätsbezug ist klar gegeben, es wird dem Leser sogar suggeriert, die Novelle schildere ein tatsächliches Ereignis. Auch der Neuigkeitscharakter ist deutlich zu erkennen, schließlich wurde die Handlung als schamlos und sittenwidrig empfunden, da sie Tabuthemen wie Sexualität und Missbrauch aufgreift. Die Konzentration auf ein krisenhaftes Ereignis kann ebenfalls schnell nachgewiesen werden, dreht sich doch der gesamte Inhalt um die Schwangerschaft und die Frage nach dem unbekannten Kindsvater.

Konzentration auf wenige Figuren, geschlossene Handlung und Ähnlichkeit des Aufbaus mit der Struktur eines klassischen Dramas

Weitere Merkmale der Novelle sind die *Konzentration auf wenige Figuren* und eine *geschlossene Handlung ohne Nebenhandlungen* sowie *die Ähnlichkeit des Aufbaus mit der Struktur eines klassischen Dramas*, welche bereits an vorheriger Stelle nachgewiesen worden ist (vgl. hierzu Abschnitt 14, S. 42). Der Katalog der auftretenden Figuren ist überschaubar, im Zentrum der Handlung stehen neben der Marquise lediglich ihre Familie, Mutter, Vater und Bruder, und der Graf, der als Außenstehender die Krise herbeiführt. Auf unnötige Nebenhandlungen wird völlig verzichtet und die gesamte Handlung widmet sich der Lösung des Rätsels um die mysteriöse Schwangerschaft.

Einigkeit herrscht auch darüber, dass *die Handlung der Novelle ihren Gehalt aus dem psychologischen Bereich schöpft,* was in unserem Fall an der Figur der Marquise verdeutlicht werden kann, da sie sich unter anderem in einem Prozess der Selbstfindung und Emanzipation befindet, in dem ihr eigenes Selbstbild ins Wanken gerät (vgl. hierzu Abschnitt 12, S. 37).

Handlung schöpft ihren Gehalt aus dem psychologischen Bereich

Wie verhält es sich aber mit einem weiteren zentralen Merkmal, das die Novelle kennzeichnet, nämlich dem Vorhandensein eines sogenannten *Dingsymbols*? Nach dem Literaturwissenschaftler Hermann Pong (1889–1979) ist die Novelle „in ihrer einfachsten Form [...] um einen Punkt zusammengenommen", nämlich um das Dingsymbol, bei dem es sich „um ein symbolfähiges Element"[1] handelt. Es geht also um eine Art Leitmotiv, das sich durch die gesamte Handlung zieht und mehrfach aufgegriffen wird. Vor diesem Hintergrund lässt sich schnell ein immer wiederkehrendes Motiv der Novelle ausfindig machen, nämlich das Engel-Teufel-Motiv, durch das die Ambivalenz in der Figur des Grafen hervorgehoben wird, welche gleichzeitig die fließende Grenze zwischen Unschuld und Schuld symbolisiert. Der Graf erscheint der Marquise zunächst als Engel, der sie rettet und allgemein durch ehrenhaftes Verhalten glänzt und alles dafür tut, um sie für sich zu gewinnen. Er wird als ein Mann dargestellt, der seine Tat zutiefst bereut und nun wahre Liebe für sie zeigt. Gleichzeitig ist aber gerade dieser Mann verantwortlich für die Misere der Marquise und hat sich – beeinflusst von den kriegerischen Handlungen – an ihr vergangen, weshalb er ihr als Teufel erscheint, als sie die Zusammenhänge erkennt. Kleist zeigt damit auf, dass oft keine klare Grenze zwischen Recht und Unrecht, Gut und Böse gezogen werden kann; gerade der Mensch ist vielschichtig und kann nicht durch ein Schwarz-Weiß-Muster erfasst werden.

Dingsymbol – Leitmotiv

---

[1] Hermann Pong (1969): Das Bild in der Dichtung. N. G. Elwert, Marburg, S. 99.

Merkmale der Novelle im Überblick

- Realitätsbezug der Handlung
- Neuigkeitscharakter des Erzählten
- Konzentration der Handlung auf ein krisenhaftes Ereignis
- Konzentration auf wenige Figuren
- geschlossene Handlung ohne Nebenhandlungen (relative Kürze)
- Ähnlichkeit des Aufbaus mit der Dramenstruktur
- Vorhandensein eines Dingsymbols (Leitmotiv)

„Die Marquise von O…" – eine formvollendete Novelle

Es ist also unumstritten, dass Kleist mit „Die Marquise von O…" viele Merkmale der Novelle erfüllt, was nicht weiter verwunderlich ist, da er selbst die Auffassung vertrat, „in der Kunst kommt es überall auf die Form an"[1]. „Die Marquise von O…" kann also durchaus als formvollendete Novelle bezeichnet werden.

Wirkung und Rezeption

Zeitgenössische Kritik – die Novelle „Die Marquise von O…" als Skandal

Kleist führt mit seiner Novelle deutlich die Doppelmoral der bürgerlichen Gesellschaft und die Brüchigkeit des Familienidylls vor Augen und reflektiert so kritisch die vorherrschenden gesellschaftlichen Strukturen. Er bricht mit Tabus, indem er die Umstände der Schwangerschaft der verwitweten Marquise ins Zentrum seiner Handlung stellt. Es ist also wenig verwunderlich, dass die Leser den Stoff bei seiner Veröffentlichung 1808 als Provokation auffassten, sodass die Reaktionen auf die Novelle „Die Marquise von O…" zunächst zumeist negativ ausfielen. Sie wurde als geschmacklos und sittenwidrig bezeichnet, eine Erzählung, die man keiner Frau zumuten könne. Zugleich wurde sie als langweilig und flach abgetan, die Urteile waren also

---

[1] Kleist über seine Ansichten zur Kunst in einem Brief an Heinrich Joseph von Collin (österr. Schriftsteller); zitiert nach Kreutzer: Heinrich von Kleist.

vernichtend und die Novelle wurde zum Skandal, da die Geschichte einer Vergewaltigung nicht als öffentlichkeitstauglich akzeptiert wurde.

Lediglich Adam Müller, Mitherausgeber der Kunstzeitschrift „Phöbus", in der die Novelle erschien, und der Sprach- und Literaturwissenschaftler und Märchensammler Wilhelm Grimm (1786 – 1859) lobten die Novelle. Müller war davon überzeugt, dass der Wert dieser Schrift erst in Jahren die ihr gebührende Anerkennung finden würde, und Grimm hob die positive Darstellung der Frauenfiguren hervor.

Positive Stimmen

Tatsächlich sollte Müller recht behalten. Während der Leser des frühen 19. Jahrhunderts mit dem von Kleist vorgenommenen Tabubruch überfordert war, gewann die Novelle im Verlauf des späten 19. Jahrhunderts immer mehr Anerkennung und findet seit dem 20. Jahrhundert Würdigung als Meisterwerk. Es folgten zahlreiche Theaterinszenierungen. Zudem wurde der Stoff in unterschiedlichen Ländern insgesamt sechsmal verfilmt, zuletzt 2008 in Italien.

Würdigung als Meisterwerk

Die Novelle „Die Marquise von O…" in der Schule

Der Blick auf die Figuren: Die Personencharakterisierung

Eine literarische Figur charakterisieren – Tipps und Techniken

In einer literarischen Charakterisierung analysiert man neben den äußeren Merkmalen besonders die inneren Wesenszüge einer literarischen Figur. Auf diesem Wege gelangt man zu einer Gesamtinterpretation der Figur. Sämtliche Elemente der Charakterisierung – äußere Merkmale, charakterisierende Aussagen sowie weiterführende Deutungen – basieren auf der Textvorlage. Durch direkte und indirekte Textbelege lassen sich die Aussagen über die zu charakterisierende Figur in nachvollziehbarer Weise begründen.

Für die Erarbeitung einer literarischen Charakterisierung können unter anderem folgende Aspekte und Leitfragen von Bedeutung sein:

1. Personalien und sozialer Status
- Was erfahren wir über Name, Geschlecht, Alter und Beruf der Figur?
- Werden auffällige äußere Merkmale beschrieben?
- Wie stellen sich Lebensverhältnisse und das soziale Umfeld der Figur dar?
- Gibt es Informationen zur Vorgeschichte der Figur?

2. Wesentliche Charaktereigenschaften und Verhaltensweisen
- Zeigt die Figur typische Verhaltensweisen und Gewohnheiten?

- Was sind ihre hervorstechenden Wesensmerkmale und Charakterzüge?
- Welche Umstände prägen und bestimmen ihre Existenz?
- Welches Bild hat die Figur von sich selbst?
- Welche inneren Einstellungen, welches Weltbild hat die Figur?
- Zeigt die Figur eine Veränderung in ihren äußeren Merkmalen bzw. eine innere Entwicklung?
- Wie wird sie durch die anderen Figuren wahrgenommen?
- Welcher Art sind die Beziehungen zwischen ihr und anderen Figuren?

3. Sprachgebrauch und Sprachverhalten
- Wie kann man den Sprachgebrauch der Figur allgemein beschreiben (Sprachebene, Sprachstil)?
- Welche Auffälligkeiten lassen sich auf Satz- und Wortebene erkennen (Satzbau, Wortwahl …)?
- Welche (kommunikativen) Aussagen werden durch die nonverbale Kommunikation (Gestik, Mimik, Körperhaltung) transportiert?
- Welches Gesprächsverhalten, welche Gesprächsstrategien verfolgt die Figur?

4. Zusammenfassende Bewertung
- Wie lässt sich die Funktion der Figur für die Novelle beschreiben?
- Welche Gesamtdeutung der Figur ergibt sich aus den unter 1. – 4. gewonnenen Erkenntnissen?

Die folgenden Abschnitte beinhalten Charakterisierungen der wichtigsten Figuren. Die Texte sind als Anregung gedacht, sich selbst genau mit der jeweiligen Figur auseinanderzusetzen.

Die Marquise von O… – eine starke Frauenfigur?

1. Personalien und sozialer Status

Die Marquise von O…, die den Vornamen Julietta trägt, ist verwitwet und lebt seit dem Tod ihres Mannes etwa drei Jahre zuvor mit ihren beiden Töchtern, zwei wohlerzogenen Kindern, in großer Zurückgezogenheit in Italien bei ihren Eltern, dem Obristen, Herrn von G…, der Kommandant einer Zitadelle ist, und Frau von G… Die Familie gehört dem niederen Adel an und orientiert sich in ihrem Verhalten stark an den Moralvorstellungen des Bürgertums. Dementsprechend beschäftigt sich die Marquise „mit Kunst, Lektüre, mit Erziehung, und ihrer Eltern Pflege" (S. 5, Z. 22 f.) und ordnet sich der Familie unter.

2. Wesentliche Charaktereigenschaften und Verhaltensweisen

Die Marquise lebt zunächst ein Leben in Abhängigkeit von den Eltern, wobei sie darauf bedacht ist, die ihr von der Gesellschaft diktierte Rolle der tugendhaften Frau, die sich um die Familie kümmert, vorbildhaft zu erfüllen. Eigene Bedürfnisse lebt sie nicht aus, sondern fügt sich den Wünschen der Familie, sodass sie nach dem Tod ihres Mannes wieder zu ihren Eltern in die Stadt zieht, obwohl sie selbst

Die Marquise gespielt von Lisa Wildmann in der Inszenierung von Silvia Armbruster

„einen großen Hang" (S. 11, Z. 11) zum Landleben hat. Ihr Verhalten ist tadellos, und sie ist „eine Dame von vortrefflichem Ruf" (S. 5, Z. 4 f.), bis der Krieg ihr Leben radikal verändert.

Dass die Marquise sich in das ihr zugedachte Rollenbild fügt, ist deutlich erkennbar, als der Graf F…, von dem der informierte Leser weiß, dass er sie missbraucht hat, um ihre Hand anhält. Statt eine eigene Meinung zu äußern, entgegnet ihr Vater: „Bei dem Tode ihres Gemahls […] hätte sich seine Tochter aber entschlossen, in keine zweite Vermählung einzugehen." (S. 13, Z. 36 – S. 14, Z. 2) Dass diese Entscheidung eher auf Bestreben des Vaters gefallen ist, lässt sich an den körperlichen Reaktionen der Marquise ablesen, die bei Gesprächen über eine mögliche Hochzeit stets errötet (vgl. z. B. S. 12, Z. 35), es sich aber nicht zugesteht, eigene Gefühle zu verbalisieren, obwohl eine Hochzeit mit dem Grafen für sie eine Herzensangelegenheit sein muss, da sie ihn, seit er sie bei der Eroberung der Zitadelle vor den feindlichen Soldaten vermeintlich gerettet hat, als „Engel des Himmels" (S. 7, Z. 8) verehrt, was die Vermutung nahelegt, dass sie in ihn verliebt ist. Dennoch lässt sie sich zu keiner Äußerung in diese Richtung hinreißen und erklärt sich erst auf Betreiben der Mutter bereit, ihn zu heiraten, wenn er sich denn als vortrefflicher Mann erweisen sollte (vgl. S. 21, Z. 6 ff.).

2.1 Unterdrückung eigener Gefühle

Generell ist die Marquise sehr auf ihren guten Ruf bedacht und hält sich an die Konventionen der Gesellschaft. Als sie Veränderungen an ihrem Körper verspürt, äußert sie diese nur gegenüber der Mutter, alle Gespräche dieser Art brechen aus Gründen der Schicklichkeit ab, sobald der Vater den Raum betritt (vgl. z. B. S. 12, Z. 2 f.).

Als die körperlichen Beschwerden deutlicher werden, gerät die Marquise in große Verzweiflung und offenbart ihre Ängste ihrer Mutter. Sie selbst kann sich ihren Zustand nicht erklären und spricht von einer „unbegreifliche[n] Ver-

2.2 Figur in der Identitätskrise

änderung ihrer Gestalt" (S. 23, Z. 31 f.). Nach der Untersuchung durch einen Arzt fasst sie die Feststellung der Schwangerschaft als Beleidigung auf (vgl. S. 24, Z. 35), ist sich gleichzeitig aber darüber im Klaren, „dass das Entsetzliche, [sie] Vernichtende, wahr ist" (S. 27, Z. 28 f.). Die Tragweite dieses Umstands ist ihr schmerzlich bewusst, da eine Schwangerschaft für sie den Verlust ihres guten Rufes bedeutet, über den sie sich definiert. Als auch eine Hebamme die Schwangerschaft bestätigt, ist sie mit der Situation vollends überfordert und fällt in Ohnmacht (vgl. S. 28, Z. 8–23) und hat bei dem anschließenden Gespräch mit ihrer Mutter das Gefühl, „dass sie wahnsinnig werden würde" (S. 28, Z. 30 f.), da mit der Schwangerschaft ihre ganze Identität, die von den Ansprüchen der Gesellschaft bestimmt ist, ins Wanken gerät. Hartnäckig verteidigt sie ihre Tugend, indem sie trotz der Andeutung der Mutter, dass sie einen Fehltritt verzeihen könnte, weiter darauf beharrt, nichts über die Empfängnis zu wissen. Sie verfällt beinahe in einen Zustand der Hysterie, wobei sich vermuten lässt, dass sie die Geschehnisse bei der Eroberung der Zitadelle, als sie von dem Grafen missbraucht worden ist, weitestgehend verdrängt hat, da sie in einem späteren Gespräch mit dem Grafen ihn mit den Worten „Ich *will nichts* wissen" (S. 34, Z. 28) zum Schweigen bringt, als dieser ihr die Vergewaltigung gestehen will. Sie scheint die wahren Zusammenhänge also zumindest zu ahnen, ihr Körper reagiert auf diese ungeheuerlichen Geschehnisse aber mit einem Verdrängungsmechanismus, um sie zu schützen.

2.3 Charakterliche Entwicklung

Tatsächlich treten die von ihr befürchteten Konsequenzen ein, und sie wird aus dem Elternhaus verstoßen. Als ihr Vater ihr aber auch noch die Kinder nehmen will, erhebt sie sich aus der Rolle der sittsam-fügsamen Tochter und widersetzt sich dem Befehl (vgl. S. 30, Z. 27 ff.). Sie macht also eine charakterliche Entwicklung durch. Erstmals in ihrem Leben wird sie „[d]urch diese schöne Anstrengung mit sich selbst bekannt" (S. 30, Z. 34) und „hob [...] sich plötzlich, wie an ihrer eigenen Hand, aus der ganzen Tiefe, in welche das Schicksal sie herabgestürzt hatte, empor" (S. 30, Z. 35 ff.). Zum ersten Mal trifft sie eigene Entscheidungen und wächst an dem Unrecht, das ihr widerfahren ist, zu einer selbstbestimmten Frau.

Gestärkt von dieser Erfahrung und mit sich selbst im Reinen fasst sie schließlich den Entschluss, den Vater ihres Kindes mithilfe einer Zeitungsannonce zu suchen, ein Schritt, der charakterliche Größe beweist, da diese Anzeige einen Skandal sondergleichen darstellt. Gleichzeitig ist die Anzeige aber auch ein Hinweis darauf, dass sie sich letztendlich doch nicht ganz von den gesellschaftlichen Konventionen befreien kann und ihre gerade erst gewonnene Selbstbestimmung einem Leben ohne gesellschaftliche Ächtung opfern will, da sie in der Vermählung mit dem Kindsvater die einzige Möglichkeit sieht, ihren Kindern ein Leben ohne Schande zu ermöglichen (vgl. S. 31, Z. 28 ff.). Mit der Zeitungsanzeige trotzt sie also allen Erwartungen, unterwirft sich aber zugleich wieder den gesellschaftlichen Normen, da eine neue Ehe für sie gleichzeitig den Verlust der Selbstbestimmung bedeutet.

2.4 Zwischen Emanzipation und Unterordnung

Ihr selbstbestimmtes Handeln führt indirekt zur Versöhnung mit den Eltern und somit zur Widerherstellung der Lebensumstände. Als sich dann der Graf als Vater des Kindes zu erkennen gibt, bricht die Marquise in sich zusammen, denn „auf einen Lasterhaften [sei sie] gefasst [gewesen], aber auf keinen – – – Teufel!" (S. 47, Z. 29 f.). Das Bild ihres ehrenhaften Retters, den sie zuvor als Engel wahrgenommen hat, kehrt sich ins Gegenteil um, was sie persönlich zutiefst trifft. Aus dieser persönlichen Verletzung heraus weigert sie sich zunächst, Graf F... zu heiraten, da sie „in diesem Falle, mehr an sich, als ihr Kind, denken müsse" (S. 48, Z. 36), was ein Wiederaufflammen ihrer Selbstbestimmung darstellt, da sie ihr Gefühl über die ihr auferlegten Anforderungen stellt. Letztendlich fügt sie sich aber doch der Entscheidung ihrer Eltern und heiratet den Grafen. Ihr vehementes Eintreten für ihre Bedürfnisse hat ihr jedoch immerhin große Zugeständnisse eingebracht, da der Graf auf alle Rechte als Gemahl verzichtet und sie somit im Haus ihrer Eltern bleiben kann (vgl. S. 49, Z. 2 ff.).

Mit der Zeit gelingt es dem Grafen, das Herz der Marquise zu gewinnen, sodass sie schließlich eine zweite, aufrichtige Hochzeit feiern und anschließend das von der Marquise so sehr geliebte Landgut beziehen (vgl. S. 50, Z. 13 ff.). Es folgen weitere Kinder und die Marquise und der Graf führen eine glückliche Ehe. Auch wenn die Marquise sich nun wieder den patriarchalischen Strukturen unterworfen hat, so hat nun sie selbst die Entscheidung getroffen, diese Liebesheirat einzugehen. Es gelingt ihr also nicht, sich vollauf zu emanzipieren, dennoch ist sie nun selbstbestimmter und achtet auf eigene Gefühle und Bedürfnisse, was durch den Umzug auf das Landgut und die erneute, selbstbestimmte Hochzeit symbolisiert wird.

3. Sprachgebrauch und Sprachverhalten

Die starke Prägung durch die Gesellschaft ist besonders an dem Sprachverhalten der Marquise zu erkennen. Während sie sich oft zurückhält in Gesprächen, die eigentlich ihr eigenes Leben betreffen, wie etwa bei den Gesprächen über den Antrag des Grafen innerhalb der Familie, gesteht sie es sich ebenso nicht zu, ihre eigene Meinung und Gefühle zu offenbaren. Oft zeigen sich ihre Empfindungen aber dennoch in körperlichen Reaktionen, die sie anders als die Sprache nicht kontrollieren kann. Sie errötet beispielsweise bei dem Antrag des Grafen und bei Gesprächen über dieses Thema und gibt so ungewollt ihr eigenes Begehren preis. Auf die Frage ihres Bruders, wie ihr der Graf gefalle, antwortet sie dagegen verbal nur ausweichend, um den Schein der sittsamen Tochter zu wahren: „Er gefällt und missfällt mir; und [sie] berief sich auf das Gefühl der anderen." (S. 21, Z. 6 ff.)

In Situationen, die sie emotional überfordern, fällt sie in Ohnmacht, wie etwa bei der Bestätigung der Schwangerschaft durch die Hebamme (vgl. S. 28, Z. 23), und entzieht sich unbewusst der Situation, was auch zeigt, wie übermächtig das sie bestimmende Wertesystem der Gesellschaft ist. Ihre Gefühle hat sie auch im wachen Zustand nicht immer unter Kontrolle, und sie gerät wegen der Schwangerschaft in wahre Gefühlsausbrüche mit vielen Ausrufen und Fragen und bringt so neben der Ohnmacht ihre Verzweiflung in einem sehr langen Sprechakt zum Ausdruck (vgl. z. B. S. 25, Z. 23 – S. 26, Z. 4). Auch auf die Offenbarung des Grafen reagiert sie mit Empörung und distanziert sich mit stockenden Ausrufen von ihm.

Als sie sich den gesellschaftlichen Anforderungen beugt und den Grafen zugunsten der Familie heiratet, verfällt sie in Schweigen und verweigert so jede Kommunikation, da ihr dieser Schritt viel abverlangt und sie ihre tatsächlichen Gefühle nicht verbalisieren kann.

Insgesamt zeichnet Kleist mit der Marquise von O… also eine Frauenfigur, die Widersprüche in sich vereint. Zu groß ist die Prägung durch die Gesellschaft, als dass sie sich ganz von den ihr auferlegten Konventionen befreien könnte. Dennoch ist sie eine Frau, die an der größten Krise ihres Lebens wächst und sich zumindest teilweise aus dem starren Korsett der patriarchalischen Strukturen lösen kann.

4. Zusammenfassende Bewertung

Herr von G… – der Vater zwischen Tyrannei und Schwäche

Lorenzo von G…, der Vater der Marquise, ist Kommandant einer Zitadelle und lebt gemeinsam mit seiner Frau und seiner verwitweten Tochter, der Marquise, und deren Töchtern gemeinsam im Kommandantenhaus, bis sie dieses für einen russischen Befehlshaber räumen müssen und ein Haus in der Stadt beziehen. Sein Sohn, der Forstmeister, hält sich

1. Personalien und sozialer Status

Dorothee Hartinger (Frau von O.) und Peter Simonischek (Vater) in der Inszenierung von Yannis Houvardas im Burgtheater

ebenfalls oft im Haus der Familie auf, und das Familienleben scheint bis zur Schwangerschaft der Tochter vorbildlich zu verlaufen. Die Familie gehört dem niederen Adel an, lebt jedoch – zumindest vordergründig – das Wertesystem des Bürgertums, in dem der Familienvater das Oberhaupt ist und Tugenden wie Fleiß, Enthaltsamkeit, Keuschheit etc. praktiziert werden.

Über die äußeren Merkmale der Figur erfährt der Leser nichts und insgesamt wird Herr von G… stark über seinen militärischen Rang definiert. Der Erzähler spricht von ihm meistens als *der Obrist* oder *der Kommandant* und auch im Familienleben dominiert seine militärische Aufgabe, so hat die Einhaltung dienstlicher Pflichten für ihn oberste Priorität, weshalb er bei dem Sturm auf die Zitadelle seiner Familie erklärt, „dass er sich nunmehr verhalten würde, als ob sie nicht vorhanden wäre" (S. 6, Z. 9 f.).

2. Wesentliche Charaktereigenschaften und Verhaltensweisen

In der Familie beansprucht er für sich die Rolle des patriarchalischen Familienvaters, der auch hier Befehle erteilt und Entscheidungen trifft. Als der Graf um die Hand seiner Tochter anhält, führt er zunächst das Gespräch, und es wird deutlich, dass die Entscheidung der Marquise, keine zweite Ehe eingehen zu wollen, eher der Wunsch des Kommandanten ist, da er die Entscheidung der Tochter, sich unter gewissen Umständen doch mit dem Grafen zu vermählen, als persönliche Niederlage empfindet und verkündet, dass er sich „diesem Russen schon zum zweiten Mal ergeben" (S. 22, Z. 7f.) muss. In den Gesprächen innerhalb der Familie wird sehr deutlich, dass sich der Kommandant, auch wenn er nach außen die Rolle des Familienoberhaupts wahrt, oft passiv verhält und seine Frau die treibende Kraft der Familie ist. So verfolgt er die Gespräche über eine mögliche Hochzeit schweigend und nimmt die Entscheidung, dem Grafen eine unverbindliche Zusage zu machen, resigniert hin, statt seine Position als Patriarch geltend zu machen und eine Hochzeit auszuschließen. Er ist in seiner Rolle also durchaus ambivalent und beugt sich teilweise dem Willen seiner Frau, die geschickt eigene Ansichten durchsetzt.

Gleichzeitig ist er in seinen Entscheidungen tyrannisch und hart, wenn es um das Aufrechterhalten gesellschaftlicher Konventionen geht. Als er von der Schwangerschaft seiner Tochter erfährt, verbannt er sie mit sofortiger Wirkung und will ihr sogar die Kinder nehmen. Er reagiert mit besonderer Härte und ist zu keiner Versöhnung bereit. Sein Verhalten verrät aber zugleich seine Schwäche, denn die von ihm eingesetzte Härte dient lediglich der Kompensation seiner Sentimentalität. Es ist auffällig, dass er nicht dazu in der Lage ist, die Befehle persönlich zu erteilen, weshalb er die Verstoßung der Tochter in diktierter Briefform von seiner Frau überreichen lässt (vgl. S. 29, Z. 24ff.). Das vermeintliche Vergehen der Tochter stellt für ihn eine persönliche Niederlage und Kränkung dar, die ihn überfordert, da er es als Mann des Militärs nicht gewohnt ist, mit Emotionen umzugehen. Dementsprechend versucht er, sich jeder persönlichen Form der Konfrontation zu entziehen, und fühlt sich von seiner Tochter im wahrsten Sinne des Wortes in die Ecke gedrängt, als diese ihn gegen seinen Willen in seinen Zimmern aufsucht, um ihn umzustimmen, und er greift zur Pistole, um sich der Situation zu entziehen, der er sich nicht stellen kann (vgl. S. 30, Z. 5ff.).

2.1 Tyrannei und Hilflosigkeit

2.2 Umgekehrte Machtverhältnisse innerhalb der Familie

Als es auf Betreiben seiner Frau schließlich zur Versöhnung mit der Tochter kommt, hat er seine Gefühle nicht mehr unter Kontrolle und folgt den Anweisungen seiner Frau. Er ordnet sich ihr völlig unter, sodass die umgekehrte Rollenverteilung deutlich hervortritt: Während der Kommandant „heulte, dass die Wände erschallten" (S. 43, Z. 34), erteilt seine Frau ihm Befehle darüber, wie er sich bei der Tochter entschuldigen soll. Die Versöhnung selbst erfolgt dann so intim und innig, dass sie an inzestuöse Handlungen erinnert. Der Vater, der sich zuvor seiner Macht durch die Unzucht der Tochter beraubt gesehen hat, fühlt sich nun wieder in seiner Position bestätigt und zeigt dies in sentimentalen Gefühlsausbrüchen, die durchaus den Schluss nahelegen, dass seine Bedürfnisse über die eines treusorgenden Familienvaters hinausgehen.

Auch wenn seine Frau ihm nach diesen Vorfällen das Gefühl gibt, das Oberhaupt der Familie zu sein, so hat er doch kaum Einfluss auf die weiteren Entwicklungen und ist nicht einmal anwesend, als der Graf sich als Vater des Kindes zu erkennen gibt. Genau wie seine Frau spricht er sich nun aber für die Hochzeit mit dem Grafen aus, da diese gesellschaftliche Vorteile bedeutet. In diesem Sinne zeigt sich das vom Vater vertretene bürgerliche Wertesystem als brüchig und seine Moral als Doppelmoral.

3. Sprachgebrauch und Sprachverhalten

Als Mann des Militärs ist der Obrist es gewohnt, Befehle zu erteilen. Im persönlichen Raum, dem Raum der Familie, zeigt er sich dagegen wortkarg und oft passiv. Wann immer ihn eine Situation überfordert, befiehlt er seinem Gegenüber zu schweigen (vgl. z. B. S. 38, Z. 7 f.) und entzieht sich so dem Gespräch. Sprachlosigkeit und Schweigen dominieren die Kommunikation innerhalb der Familie, da er Gefühle nicht verbalisieren kann und Abweichungen von der Norm ihn stark überfordern. Auch Freude und Erleichterungen können nur in Form von theatralischen und übersteigerten Gefühlsausbrüchen zum Ausdruck gebracht werden, sodass die Kommunikation des Kommandanten an vielen Stellen Defizite aufweist. In Gesprächen mit dem Grafen ordnet er sich zudem oft unter, da er sich dessen höherer Position bewusst ist.

Insgesamt ist Herr von G… fast schon eine Karikatur des patriarchalischen Familienoberhaupts, da er sich in seinen Entscheidungen stark von seiner Frau leiten lässt und die väterliche Autorität immer mehr verblasst. Auch in dieser Figur wird also die Brüchigkeit der vorherrschenden gesellschaftlichen Strukturen und ihrer Wertesysteme präsentiert.

4. Zusammenfassende Bewertung

Frau von G… – die Mutter, die die Familie lenkt

Frau von G…, die Obristin, lebt mit ihrem Mann und ihrer verwitweten Tochter und deren Kindern zunächst im Kommandantenhaus und nach der Eroberung durch russische Truppen in einem Stadthaus in M… in Italien und gehört wie die gesamte Familie dem niederen Adel an. Über Aussehen und Alter der Figur erfährt der Leser nichts, dafür wird ihre Rolle innerhalb der Familie an ihrem Verhalten aber sehr deutlich vorgeführt.

1. Personalien und sozialer Status

Bereits zu Beginn der Novelle zeigt sich, dass Frau von G… innerhalb der Familie großen Einfluss auf Entscheidungen hat, denn schon auf der ersten Seite wird deutlich, dass die Marquise „[a]uf Frau von G…s, ihrer würdigen Mutter, Wunsch [...] mit ihren beiden Kindern, in das Kommandantenhaus [...] zurückgekehrt" (S. 5, Z. 18–22) ist. Anders als im frühen 19. Jahrhundert üblich, ist die Frau des Hauses die richtungsweisende Kraft innerhalb der Familie, was sie zumeist aber geschickt kaschiert, um nach außen den Schein der typischen patriarchalischen Familie aufrechtzuerhalten und ihrem Mann ein Gefühl der Sicherheit zu geben.

2. Wesentliche Charaktereigenschaften und Verhaltensweisen

Die Obristin ist eine kluge Frau, die im Hintergrund gekonnt agiert, um ihre Wünsche innerhalb der Familie durchzusetzen. Als der Graf um die Hand der Tochter anhält, ist sie die

2.1 Kluges und taktisches Agieren

treibende Kraft, die durch Gespräche innerhalb der Familie schließlich ein erstes Zugeständnis erwirkt, da sie dieser Verbindung sehr zugetan ist und „eine zweite Vermählung ihrer Tochter immer gewünscht hatte" (S. 21, Z. 17 f.). Gleichzeitig zeigt sie sich als Frau, die durchaus bereit ist, sich über gesellschaftliche Konventionen hinwegzusetzen, denn als ihre Tochter ihr ihre Befürchtung, schwanger zu sein, offenbart, signalisiert sie sofort, dass sie bereit wäre, einen „Fehltritt [...] zuletzt [zu] verzeihn" (S. 27, Z. 3–5). Die Unehrlichkeit ihr gegenüber scheint für sie eine größere Verfehlung zu sein, als menschlichen Bedürfnissen zu erliegen. Inwiefern der schnelle Hinweis auf mögliche Vergebung auch teilweise Taktik ist, sei dahingestellt. Es ist durchaus denkbar, dass Frau G... ihre Tochter so zur Nennung des Kindsvaters verleiten möchte, um eine schnelle Hochzeit herbeiführen zu können, was den gesellschaftlichen Schaden, den die Schwangerschaft nach sich ziehen würde, stark begrenzen würde. Frau von G... kann also durchaus auch als berechnend bezeichnet werden. Dennoch treten an mehreren Stellen ihre Gefühle, die sie mit der Tochter verbinden, in den Vordergrund, sodass insgesamt davon ausgegangen werden kann, dass sie ihrer Tochter emotional stark zugewandt ist.

2.2 Aktives Handeln

Als die Antwort auf die Annonce in der Zeitung erscheint, werden die Zweifel an dem Verhalten ihres Mannes immer größer, und sie stellt die Verstoßung der Tochter ihm gegenüber schließlich offen infrage, was einen gewissen Mut ihrerseits zeigt. Anders als ihr Mann wird sie aktiv und widersetzt sich sogar seinem Befehl (vgl. S. 39, Z. 3 f.), „in irgendeine Gemeinschaft mit ihr [der Marquise] zu treten" (S. 38, Z. 35 f.). Mit taktischem Geschick gelingt es der Obristin, die Tochter auf die Probe zu stellen und sich von ihrer Unschuld zu überzeugen. So ist sie die treibende Kraft, die durch ihr aktives Handeln die Familie wieder zusammenführt und sich gleichzeitig gegen ihren Mann behauptet.

Durch die erfolgreiche Missachtung der Anweisungen ihres Mannes gewinnt Frau von G... an Stärke und trägt ihre Überlegenheit nun offen nach außen, wenn sie ihrem Mann Anweisungen erteilt und ihn nötigt, sich bei der Tochter zu entschuldigen (vgl. S. 43, Z. 29).

2.3 Überlegenheit

Auch wenn sie sich ihrer Macht innerhalb der Familie bewusst ist, stellt sie nach der Versöhnung äußerlich den Schein der patriarchalischen Familienstruktur wieder her und zeigt sich als fürsorgliche Ehefrau und Mutter (vgl. S. 44, Z. 16 ff.). Dass sie sich ihrer überlegenen Position sehr wohl bewusst ist, wird deutlich, als sie Vater und Sohn aus Schicklichkeitsgründen von dem Treffen mit dem Vater des Kindes ausschließt (vgl. S. 46, Z. 10 ff.), was sie zur Sprecherin in dieser Angelegenheit macht. Als Graf F... sich nun als Vater zu erkennen gibt, ist Frau von G... es, die die Situation als Erste durchschaut (vgl. S. 47, Z. 10 ff.) und eine Hochzeit forciert, indem sie ihren Mann mit den Worten „dieser junge Mann bereut von Herzen alles, was geschehen ist; gib deinen Segen, gib, gib: so wird sich alles noch glücklich endigen" (S. 48, Z. 11 ff.) zu einer Vermählung der Tochter drängt. Sie ist nun sogar so selbstbewusst, dass sie auf die an den Grafen ge-

Dorothee Hartinger (Frau von O.) und Andrea Clausen (Mutter) in der Inszenierung von Yannis Houvardas im Burgtheater

richtete Frage, wann die Hochzeit stattfinden solle, antwortet und den Termin gleich auf den nächsten Tag legt (vgl. S. 48, Z. 18 ff.). Die Marquise steigt auf Betreiben der Mutter nun also zur Gräfin auf, was eine große gesellschaftliche Verbesserung darstellt und die wahren Interessen der Mutter offenbart. Auch nach der Hochzeit lenkt sie die Situation weiterhin, indem sie den Grafen nach großzügigen Schenkungen „öfter" (S. 50, Z. 11) in das Haus der Familie einlädt und so eine Annäherung der Eheleute und dadurch indirekt die erneute, nun glückliche, Hochzeit herbeiführt.

3. Sprachgebrauch und Sprachverhalten

Frau von G… hat in der Novelle auffällig viele Sprechanteile, was ihre Rolle als treibende Kraft innerhalb der Familie weiter unterstreicht. Ihre Tochter wendet sich Rat suchend an sie, und sie sucht gleichzeitig aktiv das Gespräch mit ihrem Mann und ist anders als dieser in der Lage, auch unangenehme Dinge anzusprechen. Gleichzeitig fügt sie sich oft Anweisungen des Mannes, wie etwa der Aufforderung zum Schweigen, da sie sich der ihr auferlegten Rolle als Ehefrau bewusst ist. Im Verlauf der Novelle wird sie nach der erfahrenen Emanzipation von ihrem Mann in ihrer Kommunikation noch direkter und tritt schließlich sogar als Gesprächsführerin auf.

4. Zusammenfassende Bewertung

Insgesamt zeichnet Kleist in der Mutter der Marquise eine starke Frauenfigur, die sich über das ihr zugedachte Rollenbild hinwegsetzt, indem sie taktisch-klug eigene Interessen durchsetzt. Sie hat den Überblick über die Zusammenhänge und das (gesellschaftliche) Wohl der Familie im Auge und erwirkt so am Ende den Aufstieg ihrer Tochter zur Gräfin.

Graf F… – Engel und Teufel zugleich

1. Personalien und sozialer Status

Graf F… ist anders als die anderen Hauptfiguren nicht Teil der Familie der Marquise und bringt ihre familiären Strukturen als Eindringling von außen ins Wanken. Er ist „ein

Bruno Ganz als Graf F… in der Verfilmung von Éric Rohmer (1976)

russischer Offizier" (S. 7, Z. 5 f.) und leitet den Angriff auf die Zitadelle. Graf F…, dessen Vorname nicht genannt wird, ist ein Mann von vortrefflichem Ruf und „Ritter eines Verdienst- und mehrerer anderer Orden" (S. 8, Z. 24 f.). Zu seinem hohen Ansehen kommt sein gutes Aussehen, „schön, wie ein junger Gott" (S. 12, Z. 15 f.), und ein „ansehnliche[s] Vermögen" (S. 15, Z. 22), sodass er gesellschaftlich eine sehr hohe Stellung innehat, zumal er dem hohen Adel zuzurechnen ist. Seine Eltern sind bereits verstorben und als einziger Verwandter wird sein Onkel, General K…, genannt (vgl. S. 15, Z. 19 ff.). Anders als die übrigen Figuren ist er also völlig ungebunden und dazu bereit, „Italien zu seinem Vaterlande zu machen" (S. 15, Z. 23).

Die Figur des Grafen vereint zwei große Widersprüche in sich, denn er ist Retter und Täter zugleich. Als er die Marquise aus den Fängen eines Soldatentrupps rettet, steht er im starken Kontrast zu diesen rohen Männern, die als „Hunde" (S. 7, Z. 6) bezeichnet und als animalisch verroht dargestellt werden. Graf F… dagegen „bot dann der Dame, unter

2. Wesentliche Charaktereigenschaften und Verhaltensweisen

einer verbindlichen, französischen Anrede den Arm, und führte sie […] in den anderen […] Flügel des Palastes […]" (S. 7, Z. 12 ff.). Er wird dem Leser als kultivierter Mann mit besten Manieren vorgestellt und scheint der Marquise selbst „ein Engel des Himmels zu sein" (S. 7, Z. 8). Umso verwunderlicher ist seine anschließende Tat: Er vergewaltigt die Frau, die er gerade noch heldenhaft gerettet hat, und begibt sich somit auf die Stufe der zuvor vertriebenen Soldaten. Dieses Vergehen ist nach eigener Aussage „die einzige nichtswürdige Handlung, die er in seinem Leben begangen hätte" (S. 15, Z. 4 ff.), und so setzt er fortan alles daran, diesen Fehltritt, zu dem die Turbulenzen des Krieges und der damit verbundene Werteverlust den sonst so rechtschaffenden Mann verleitet haben, auszugleichen.

2.1 Reue und Aufrichtigkeit

In den Äußerungen des Grafen wird deutlich, dass er seine Tat aufrichtig bereut. Unmittelbar nach dem Vergehen wird er sich seiner Schuld bewusst und versucht, sie durch Heldentaten zu kompensieren (vgl. S. 8, Z. 4 ff.). Dass er sein Gewissen so nicht erleichtern kann, wird deutlich, als er einige Zeit später um die Hand der Marquise anhält und berichtet, dass er während der Zeit seiner Verletzung „mehrere Monate daselbst an seinem Leben verzweifelt hätte; dass währenddessen die Frau Marquise sein einziger Gedanke gewesen wäre" (S. 13, Z. 11 ff.). Der Graf zeigt Reue und ist mit allen Mitteln um Wiedergutmachung bemüht. Sein Interesse an der Marquise scheint aufrichtig zu sein, er ist um sie besorgt und ist sogar bereit, berufliche und gesellschaftliche Konsequenzen zu tragen, als er die ihm auferlegte Dienstreise abbrechen will, um stattdessen die Gunst der Familie zu erobern, was für ihn die unehrenhafte Entlassung aus dem Militärdienst bedeuten könnte (vgl. S. 16, Z. 20 ff.).

2.2 Zielstrebigkeit

In seinen Bemühungen um die Marquise zeigen sich gleichzeitig Zielstrebigkeit und Entschlossenheit, da er bereit ist, alles zu tun, um sein Ziel zu erreichen. Der Familie gegenüber verhält er sich dabei selbstsicher und höflich-bestimmend, was dafür spricht, dass er sich seiner Position als Vertreter des höheren Adels durchaus bewusst ist und es gewohnt ist, seine Vorhaben zu realisieren.

Umso schwerer fällt es ihm, sein Vergehen einzugestehen, sodass er zunächst mehrere Vorstufen des Geständnisses durchlaufen muss, bevor er sich der Familie als Vater des Kindes offenbart. Er ist eigentlich ein Mann, der einen vortrefflichen Ruf genießt, und empfindet sein Vergehen selbst als große Schande. Die Eltern der Marquise verzeihen ihm jedoch schnell, nachdem er sich als Kindsvater offenbart hat, und verabreden die Vermählung bereits für den nächsten Tag.

2.3 Unsicherheit durch moralische Verfehlung

Die Marquise selbst jedoch zeigt sich unversöhnlich und trifft ihn hart mit den an ihn gerichteten Worten: „[A]uf einen Lasterhaften war ich gefasst, aber auf keinen – – – Teufel!" (S. 47, Z. 29 f.) Es ist gerade der große Kontrast zwischen seinem engelsgleichen Auftreten und seinem vortrefflichen Verhalten auf der einen und seinem triebgesteuerten Vergehen auf der anderen Seite, der seine Tat besonders schlimm erscheinen lässt. Tatsächlich ist sein Charakter wohl zwischen diesen beiden Extremen anzuordnen, da seine positiven Eigenschaften oftmals überstilisiert und übertrieben wirken und sein Vergehen gleichzeitig den Umständen des Krieges geschuldet ist. Er ist also ein Mensch, der Gut und Böse in sich vereint.

2.4 Ambivalenz der Figur

Auch der Graf selbst hat sich seinen Fehltritt noch nicht verziehen und ordnet sich nach der Konfrontation mit der Marquise und ihrer vehementen Ablehnung stark der Familie unter, was seinem eigentlichen Verhalten widerspricht. Er akzeptiert alle Forderungen (vgl. S. 49, Z. 2 ff.) und verhält sich, als unterstehe er ihren Befehlen (vgl. S. 49, Z. 17 ff.). Erst mit der Zeit gewinnt er seine Selbstsicherheit – nicht zuletzt durch ein großes finanzielles Zugeständnis an die Marquise – zurück und nimmt sein Werben um die

Frau wieder auf, sodass er letztendlich doch sein Ziel erreicht und ein glückliches Leben mit ihr und den gemeinsamen Kindern führt (vgl. S. 50, Z. 13 ff.).

3. Sprachgebrauch und Sprachverhalten

Auch in dem Sprachgebrauch des Grafen zeigt sich deutlich seine hohe gesellschaftliche Stellung. Er drückt sich gewählt aus und insistiert immer wieder auf Erfüllung seiner Wünsche. Gleichzeitig fehlt ihm aber – wie auch den anderen Figuren – die Sprache, wenn es um sein Vergehen und die damit einhergehende Scham und Schuld geht. Der sonst so redegewandte Graf errötet und zeigt sich verlegen, wann immer er indirekt auf die Konsequenzen seiner Tat anspielt (vgl. z. B. S. 14, Z. 33 f.), und verstrickt sich in lange dass-Konstruktionen, die wie die nicht steuerbaren körperlichen Reaktionen Ausdruck seiner großen Emotionen sind (vgl. S. 13, Z. 9 ff.).

4. Zusammenfassende Bewertung

Abschließend lässt sich sagen, dass der Graf als Vertreter des hohen Adels Schande über die von den Tugenden des Bürgertums geprägte Familie bringt. Er ist selbst zutiefst über sein eigenes Handeln bestürzt und um Wiedergutmachung bemüht. Kleist zeigt so die Folgen des Krieges, die einen ansonsten anständigen Mann zu einer niederträchtigen, triebgesteuerten, verwerflichen Tat verleiten, an der er selbst zunächst fast zugrunde geht. Gleichzeitig führt er so die Doppelmoral der Gesellschaft vor Augen, da der Graf trotz seiner Tat mit der Marquise verheiratet wird, während diese wegen ihrer Schwangerschaft zuvor sozialer Ächtung ausgesetzt war.

Der Blick auf den Text: Die Textanalyse

Einen Textauszug analysieren – Tipps und Techniken

Für die Analyse (Beschreibung und Deutung) von Auszügen aus epischen Texten stehen grundsätzlich zwei verschiedene Methoden zur Auswahl: die Linearanalyse und die aspektgeleitete Analyse.

In der **Linearanalyse** werden die einzelnen Abschnitte des Aufgabentextes systematisch analysiert, das heißt ihrer Reihenfolge nach. Dies führt in der Regel zu genauen und detaillierten Ergebnissen. Allerdings besteht dabei die Gefahr, dass zu kleinschrittig gearbeitet wird und die übergeordneten Deutungsaspekte des Textauszugs aus dem Blick geraten.

In der **aspektgeleiteten Analyse** werden diese Deutungsschwerpunkte von vornherein festgelegt. Daraus ergibt sich in der Regel eine sehr problemorientierte und zielgerichtete Vorgehensweise. Dabei werden jedoch Deutungsaspekte, die nicht im Fokus des Interesses stehen, vernachlässigt.

Aufbauschema:

1. Einleitung:
- Autor; Titel; Textsorte; Erscheinungsjahr des Werks
- Ort, Zeit und Figuren des Textauszugs
- kurze Inhaltsangabe, thematische Schwerpunkte des Werks

↓

2. Einordnung des Textauszugs in die Novelle:
- Was geschieht vorher, was nachher?

Linearanalyse  *aspektgeleitete Analyse*

3. Aufbau des Textauszugs:
- Auflistung der Textabschnitte/ Textgliederung

3. Untersuchungsschwerpunkte:
- Auflistung der ausgewählten Untersuchungsaspekte

4. Beschreibung und Deutung der unter 3. angegebenen Textabschnitte:
- Aussagen zum Inhalt des Abschnitts
- Aussagen zur Deutung, Einbetten in den Zusammenhang der Novelle
- Einbezug der sprachlichen Gestaltung
- Überleitung zum nächsten Abschnitt

4. Beschreibung und Deutung der unter 3. angegebenen Aspekte:
- Benennen des jeweiligen Aspekts
- Aussagen zur Deutung, Einbetten in den Gesamtzusammenhang der Novelle
- Einbezug der sprachlichen Gestaltung

5. Schluss:
- Zusammenfassung der Ergebnisse
- Einordnung in einen größeren Zusammenhang
- (persönliche) Bewertung

Übungsvorschlag
Erstellen Sie zuerst jeweils eine eigene Lösung und vergleichen Sie diese dann mit den unten angeführten Vorschlägen. Überprüfen Sie: An welcher Stelle scheint Ihre eigene Lösung schlüssiger? Welche zusätzlichen Anregungen und Einsichten können Sie den Beispieltexten entnehmen?

Beispielanalyse: Abschnitt 7, S. 17, Z. 1 – S.18, Z. 16 (linear)

Aufgabe: Analysieren (beschreiben und deuten) Sie den vorliegenden Textauszug aus der Novelle „Die Marquise von O..." von Heinrich von Kleist.

Der vorliegende Textauszug ist ein Teil des 7. Abschnitts der 1807 verfassten und 1808 erstveröffentlichten Novelle „Die Marquise von O..." von Heinrich von Kleist. In der Novelle zeichnet Kleist ein Bild der gesellschaftlichen Strukturen der Zeit, die den Einzelnen stark in seinem Ich beeinflussten. Das gesellschaftliche Leben, in der Novelle veranschaulicht an der Familie der Marquise, wird als von Doppelmoral geprägt und das Individuum einschränkend dargestellt, weshalb die Figuren wie unter Zwang handeln und zu offener Kommunikation oft nicht in der Lage sind. Besondere Kritik wird an der erwarteten Rolleninterpretation der Frau geübt, die sich nach Kleists Auffassung aus den Zwängen der patriarchalischen Strukturen emanzipieren muss. *(Einleitung)*

Die Handlung der Novelle, die vordergründig dem Kriminalschema folgt und an einem nicht näher benannten Ort in Oberitalien angesiedelt ist, beginnt mit dem Erscheinen einer Zeitungsanzeige, mit der die Marquise von O... den Vater ihres ungeborenen Kindes bittet, sich zu erkennen zu geben, und ankündigt, ihn aus gesellschaftlichen Gründen heiraten zu wollen. *(Kurze Inhaltsangabe)*

Rückblickend erfährt der Leser, dass die verwitwete Marquise, die mit ihren Kindern bei ihren Eltern lebt, ohne ihr Wissen vergewaltigt worden ist. Ihr Vater ist Kommandant einer Zitadelle, die von russischen Truppen angegriffen wird. Während dieser Kriegshandlungen gerät die Marquise in die Fänge russischer Soldaten, kann jedoch im letzten Moment von einem russischen Offizier, Graf F…, gerettet werden. Als sie über diese verstörenden Ereignisse in Ohnmacht fällt, vergeht dieser sich ohne ihr Wissen jedoch selbst an ihr.

Nach diesen Vorfällen zeigt die Marquise nach einiger Zeit erste Anzeichen einer Schwangerschaft, die sie jedoch nicht ernst nimmt. Überraschend erscheint nach einigen Monaten der tot geglaubte Graf im Haus der Familie und hält um die Hand der Marquise an, worauf die Familie Bedenkzeit erbittet. Als ein Arzt und eine Hebamme schließlich die Schwangerschaft der Marquise feststellen, wird sie aus dem Elternhaus verstoßen und lebt zurückgezogen auf einem Landgut, wo sie die eingangs erwähnte Zeitungsanzeige aufgibt, auf der Graf ohne Namen antwortet und ein Treffen im Hause ihrer Eltern verabredet. Die Marquise, auf Betreiben der Mutter mit den Eltern versöhnt, kehrt in die Familie zurück und ist zutiefst schockiert, als der Graf sich als Vater des Kindes zu erkennen gibt, da sie ihn zuvor als Helden verehrt hat. Die Eltern drängen dennoch auf die Hochzeit am nächsten Tag und so heiratet die Marquise den Grafen, bleibt nach der Hochzeit jedoch in ihrem Elternhaus wohnhaft. Nach einigen Monaten nähern sich die Eheleute einander an und es findet eine zweite Hochzeit statt, die nun auch von der Marquise selbst gewünscht ist.

Einordnung des Textauszugs in die Novelle

Der vorliegende Textauszug setzt ein, nachdem der Graf zum ersten Mal bei der Familie der Marquise vorstellig geworden ist, um um ihre Hand anzuhalten. Die Familie hat sich Bedenkzeit erbeten, um erst weitere Erkundigungen einzuholen, und die Notwendigkeit formuliert, dass sich der Graf und die Marquise erst näher kennenlernen müssten, bevor eine Entscheidung getroffen werden könne. Aus diesem Grund hat sich Graf F... dazu entschieden, die Depeschen, die er auf einer Dienstreise nach Neapel bringen soll, mit einem Boten zurückzuschicken und die Dienstreise zu verschieben, um sofort Gast der Familie zu sein und um die Marquise zu werben.

Nach dieser Ankündigung bleibt die Familie der Marquise, Vater, Mutter, Bruder und die Marquise selbst, im Raum zurück, während der Graf das Haus verlassen hat, um alle Vorkehrungen für seinen Aufenthalt zu treffen. Der Textauszug lässt sich in zwei große Sinnabschnitte einteilen. Zunächst findet innerhalb der Familie ein Gespräch über das Verhalten des Grafen und mögliche Beweggründe und Konsequenzen seines Handelns statt (vgl. S. 17, Z. 1–30). Daran schließt sich ein Gespräch zwischen Herrn von G..., dem Vater der Marquise, und dem Grafen an, in dem dieser noch einmal beeindruckend seine Entschlossenheit in dem Vorhaben, die Marquise zu heiraten, zum Ausdruck bringt (vgl. S. 17, Z. 30–S. 18, Z. 16).

Aufbau des Textauszugs

Mutter und Bruder der Marquise zeigen sich sehr erstaunt über das Verhalten des Grafen, da sie es nicht glauben können, dass der Graf seine Pflichten vernachlässigen und die Dienstreise abbrechen will, „bloß, weil es ihm nicht gelungen wäre, auf seiner Durchreise durch M..., in einer fünf Minuten langen Unterredung, von einer ihm ganz unbekannten Dame ein Jawort zu erhalten" (S. 17, Z. 5ff.). An dieser Stelle wird deutlich, wie abwegig und absurd das Verhalten des Grafen auf die Familie wirkt, während der Leser durch die Andeutungen der Vergewaltigung und der Schwangerschaft, die sich bereits durch die körperlichen Beschwerden der Marquise gezeigt haben, einen Wissensvorsprung hat und die Eile des Grafen zu deuten weiß. Die beteiligten Figuren selbst werden jedoch erst am Ende der Novelle über die Umstände aufgeklärt, was die Kommunikationsprobleme,

Deutung: Abschnitt I

die der starren Einhaltung von gesellschaftlichen Erwartungen geschuldet sind, vor Augen führt. Die Geschehnisse sind für alle Handelnden unaussprechlich, weshalb der Graf versucht, über den Antrag die Situation zu lösen.

Familie von G… sind diese Beweggründe jedoch nicht bekannt, sodass sie versucht, Gründe für sein Handeln zu finden, das große Folgen für ihn hätte, da der Abbruch des Auftrags „Festungsarrest" (S. 17, Z. 9 f.) und „Kassation" (S. 17, Z. 10) nach sich ziehen würde. Herr von G…, als Kommandant selbst Mann des Militärs, ist aber der Meinung, das Verhalten des Grafen sei Taktik, „ein bloßer Schreckschuss beim Sturm" (S. 17, Z. 12 f.), um schneller die Zustimmung der Familie zu erhalten. Seine Frau dagegen zeigt sich zutiefst besorgt, als sie von den Konsequenzen hört, die den Grafen erwarten würden, und bittet ihren Sohn, den Forstmeister, ihn von „einer so unglückdrohenden Handlung abzuhalten" (S. 17, Z. 19 f.). Gesellschaftliche Reputation und militärische Ränge haben für sie höchste Priorität, und sie sieht mit dem Verlust des guten sozialen Status gleichzeitig die Aufstiegschancen der Tochter, die mit einer Vermählung einhergingen, in Gefahr. Ihr Sohn wendet jedoch ein, dass der Versuch, ihn von seinem Vorhaben abzuhalten, „ihn nur in der Hoffnung, durch seine Kriegslist zu siegen, bestärken würde" (S. 17, Z. 22 f.), ein Gedanke, den auch die Marquise unterstützt, da er „lieber werde unglücklich werden, als sich eine Blöße geben [zu] wollen." (S. 17, Z. 26 f.) Die Familie ist sich darüber einig, „dass sein Betragen sehr sonderbar sei, und dass er Damenherzen durch Anlauf, wie Festungen, zu erobern gewohnt scheine" (S. 17, Z. 28 ff.).

Metaphern aus dem Bereich des Militärs Besonders auffällig ist in diesem Zusammenhang die Verwendung von Metaphern aus dem militärischen Bereich. Das Vorgehen des Grafen bei dem Werben um die Marquise wird von ihrem Vater als „Schreckschuss beim Sturm" (S. 17, Z. 12 f.) und vom Bruder als „Kriegslist" (S. 17, Z. 23) bezeichnet und sie sind der Meinung, er erobere „Damenherzen durch Anlauf, wie Festungen" (S. 17, Z. 28 f.). Sein Verhalten wird als berechnend und zielsicher dargestellt. Die Frau ist dabei die Trophäe in einer von Männern dominierten Welt. Gleichzeitig verstecken sich in diesen Formulierungen Andeutungen auf die Schuld, die der Graf mit der Vergewaltigung der Marquise auf sich geladen hat, da er sich ihrer bei der Eroberung der Zitadelle tatsächlich durch rohe Gewalt bemächtigt hat.

Im zweiten Sinnabschnitt erfährt der Leser, wie Herr von G… gemeinsam mit seinem Sohn das Gespräch mit dem Grafen sucht, als er bemerkt, dass dieser sich noch in seinem Haus in den Räumlichkeiten des Personals aufhält, um Briefe zu schreiben. Auch wenn Herr von G… der Herr des Hauses ist, zeigt er sich dem Grafen gegenüber schon fast untertänig, da er sich seiner niedrigeren Stellung durchaus bewusst ist. Während der Graf dem höheren Adel angehört, ist der Kommandant in der unteren Adelsschicht, die sich am Wertesystem des Bürgertums orientiert, angesiedelt. Als er erfährt, dass der Graf sich in den Dienstkammern aufhält, ist er bestürzt und „fragte den Grafen, da er ihn auf dazu nicht schicklichen Tischen seine Geschäfte betreiben sah, ob er nicht in seine Zimmer treten wolle? Und ob er sonst irgendwas befehle" (S. 18, Z. 3 ff.). Seine Obrigkeitshörigkeit und der große Respekt vor Autoritäten werden an dieser Stelle nur allzu deutlich, und er tritt dem Grafen gegenüber eingeschüchtert und unbeholfen auf.

Abschnitt II

Soziale Unterschiede

Der Graf dagegen wirkt dynamisch und geschäftig und führt seine Tätigkeit weiter aus, indem er einem Boten die Briefe übergibt, die den Abbruch der Reise regeln sollen. Ihm scheinen die dienstlichen Konsequenzen seines Handelns nur von untergeordneter Bedeutung zu sein und er unterbricht den zaghaften Versuch des Obristen, ihn umzustimmen, vehement: „Herr Graf, wenn Sie nicht sehr wichtige Gründe haben – Entscheidende!, fiel ihm der Graf ins Wort" (S. 18,

Das Verhalten des Grafen

Z. 13 ff.). Sein Gewissen ist schwer belastet von der Schuld, die er in der Nacht der Eroberung durch das Vergehen an der Marquise auf sich geladen hat, und er setzt nun alles ihm Mögliche daran, diese Schuld zu begleichen. Da er nicht in der Lage ist, seine schreckliche Tat zu verbalisieren, ist er aktiv darum bemüht, möglichst schnell eine Eheschließung herbeizuführen, weil so die gesellschaftliche Reputation der Marquise gewahrt werden könnte. Dem Obristen sind diese Beweggründe nicht bekannt, dementsprechend ist er fassungslos darüber, dass der Graf seine Ankündigung, die Dienstreise zu verlegen, tatsächlich in die Tat umsetzt.

Schluss Der Auszug aus dem siebten Abschnitt der Novelle ermöglicht also Einblicke in die sozialen Strukturen der Handelnden. Während für die Familie der Marquise die gesellschaftliche Reputation von großer Bedeutung ist, scheint der Graf seine Stellung bewusst in Gefahr zu bringen. Anders als der Leser kann sie sein Verhalten nicht als Ausdruck des schlechten Gewissens deuten, das ihm keine Handlungsalternative lässt, als sich mit aller Kraft um die Hand der Marquise zu bemühen. Gleichzeitig wird die Hierarchie innerhalb der Figurenkonstellation sehr deutlich, da sich der Vater dem Grafen gegenüber unterwürfig zeigt. Im weiteren Verlauf der Novellenhandlung wird zudem deutlich, dass er sich von ihm durch die Eroberung der Zitadelle und die Vermählung mit der Tochter in seiner Macht beschnitten fühlt.

Beispielanalyse: Abschnitt 5, S. 11, Z. 7 – S. 12, Z. 5 (aspektgeleitet)

Aufgabe: Analysieren (beschreiben und deuten) Sie den vorliegenden Textauszug aus der Novelle „Die Marquise von O…" von Heinrich von Kleist.

Einleitung In der 1807 fertiggestellten Novelle „Die Marquise von O…" setzt sich Heinrich von Kleist kritisch mit dem zu dieser Zeit vorherrschenden Rollenbild der Frau und der damit einhergehenden Unterwerfung auseinander, indem er seine Frauenfiguren in einer Ausnahmesituation emanzipatorische Prozesse durchlaufen lässt. Er übt so Kritik an den patriarchalischen Strukturen und weist auf die Probleme der Identitätsfindung in Räumen der Fremdbestimmung hin.

Kleist erzählt die Geschichte einer Witwe, der Marquise von O…, die in Italien mit ihren Kindern im Haus ihrer Eltern wohnt und dort ein vorbildliches Leben führt. Als die Zitadelle ihres Vaters während des Koalitionskrieges jedoch gestürmt wird, gerät ihre Welt ins Wanken. Der russische Offizier, Graf F…, der sie zuvor aus den Fängen russischer Soldaten gerettet hat, vergewaltigt sie, als sie ohnmächtig ist, und schwängert sie, ohne dass sie sich an diese Ereignisse erinnern kann. Der Marquise selbst und ihrer Familie erscheint der Graf als edelmütiger Retter, und so ist die Verwunderung groß, als ebendieser einige Zeit später um die Hand der Marquise anhält. Die Marquise selbst nimmt gleichzeitig Veränderungen an ihrem Körper wahr und ist über ihren Zustand so verwundert und verstört, dass sie schließlich einen Arzt und eine Hebamme konsultiert, die die Schwangerschaft feststellen. Trotz Unschuldsbeteuerungen der Marquise folgt die Verstoßung aus der Familie aus Gründen der gesellschaftlichen Reputation, woraufhin die Marquise in der Abgeschiedenheit des Landgutes, auf das sie sich mit ihren Kindern zurückgezogen hat, den Entschluss fasst, den Vater des Kindes mithilfe einer Zeitungsannonce ausfindig zu machen, in der sie ihn bittet, sich zu erkennen zu geben, und ihre Entschlossenheit formuliert, den Kindsvater zu ehelichen. Nach der familiären Versöhnung auf Betreiben der Mutter gibt sich schließlich der Graf als Vater des Kindes zu erkennen und die Eltern entscheiden, dass die Marquise ihn umgehend heiraten soll, auch wenn diese über die Offenbarung des ihr zuvor so heldenhaft erschienen Mannes schockiert ist. Nach einiger Zeit

Kurze Inhaltsangabe

gelingt es dem Grafen schließlich, das Herz der Frau zu gewinnen und Vergebung zu erhalten, und es folgt eine zweite, glückliche Hochzeit.

Einordnung des Textauszugs in die Novelle

Bei dem vorliegenden Textauszug (S. 11, Z. 7 – S. 12, Z. 5) handelt es sich um den 5. Abschnitt der Novelle. Die Handlung setzt ein, nachdem die Zitadelle, über die Herr von G…, der Vater der Marquise, das Kommando hat, erobert worden ist. Während dieser Eroberung hat sich der folgenschwere Zwischenfall, die Vergewaltigung durch den Grafen F…, ereignet, durch den die Marquise geschwängert worden ist. Die Familie der Marquise und die Marquise selbst sehen sich dem Grafen zu Dank verpflichtet, da sie nichts von dem Missbrauch wissen, und bemühen sich vergeblich darum, dem Grafen für die Rettung vor den Soldaten persönlich zu danken. Stattdessen erreicht sie jedoch die Nachricht über den vermeintlichen Tod des Retters, über den die Marquise tief bestürzt ist.

Untersuchungsschwerpunkte

Im nun einsetzenden Textauszug erfährt der Leser, wie sich das Leben der Familienmitglieder nach diesen Ereignissen darstellt. Anhand der Schilderungen des Familienlebens wird der Einfluss gesellschaftlicher Normen auf die Identität und das Leben der Marquise besonders deutlich, aus diesem Grund soll das Verhalten der Marquise, das diesem Umstand geschuldet ist, im Folgenden näher betrachtet und erläutert werden.

Deutung:

Unterordnung der Tochter

Bereits zu Beginn des Textauszugs wird deutlich, dass die Marquise eigene Bedürfnisse hintanstellt und sich den Wünschen der Familie unterordnet, da sie, nachdem sie das Kommandantenhaus räumen musste, nun mit ihren Eltern „ein Haus in der Stadt" (S. 11, Z. 12 f.) bewohnt, obwohl sie selbst „einen großen Hang" (S. 11, Z. 11) zum Landleben hat, welches ihr Vater aber ablehnt. Nach dem Tod ihres Mannes ist die Marquise wieder ihrem Vater unterstellt und widmet sich, wie bereits zu Beginn der Novelle deutlich wird, auf Wunsch der Mutter der Pflege ihrer Eltern. Sie erfüllt damit das von bürgerlichen Werten geprägte Rollenbild einer Frau um 1800.

Dass sie stark von den von außen gesetzten Erwartungen in ihrem Verhalten geprägt ist, wird besonders an den Schilderungen ihrer Tätigkeiten deutlich. Nach dem Umzug in die Stadt verblassen die Eindrücke der Kriegshandlungen und „[a]lles kehrte nun in die alte Ordnung der Dinge zurück" (S. 11, Z. 14 f.). Mit der Formulierung „alte Ordnung" beschreibt Kleist die Zustände innerhalb der Familie, in der sich die Tochter in die patriarchalische Struktur fügt. Dementsprechend verbringt sie ihre Zeit, wie es von ihr erwartet wird, mit der Erziehung der Kinder und den schönen Künsten (vgl. S. 11, Z. 15 ff.). Die Marquise wird als idealtypische Dame dargestellt, die pflichtbewusst die vom gehobenen Bürgertum tradierten Werte der Tugendhaftigkeit und Sittsamkeit erfüllt. Zu diesem Zeitpunkt erscheint die Figur dadurch eher flach und austauschbar, erst durch die Krise, in die sie durch die Schwangerschaft gestürzt wird, wächst sie zu einer vielschichtigen Figur mit Persönlichkeit.

Prägung durch gesellschaftliche Erwartungen

Die Identität der Marquise resultiert zu diesem Zeitpunkt also aus den ihr vermittelten Erwartungen und Rollenbildern der Gesellschaft, die sie geflissentlich erfüllt. Es ist also nicht verwunderlich, dass die Schwangerschaft sie in große Bestürzung und Verwirrung versetzt, da ihr Selbstbild der tugendhaften Tochter und Mutter so zerstört wird. Die ersten Andeutungen auf diese folgenschwere Entwicklung formuliert Kleist dementsprechend, indem er die zuvor bereits erwähnte Beschreibung der tugendhaften Tätigkeiten der Marquise durch einen Doppelpunkt unterbricht: „Die Marquise knüpfte den lange unterbrochenen Unterricht ihrer Kinder wieder an […]: als sie sich […] von wiederholten Unpässlichkeiten befallen fühlte, die sie ganze Wochen lang, für die Gesellschaft untauglich machten." (S. 11, Z. 15–21) Hier werden also schon deutlich die Kon-

Gesellschaftliche Konventionen als identitätsbildende Instanz

sequenzen angekündigt, die die Marquise wird tragen müssen, auch wenn sie selbst sich keiner Schuld bewusst ist. Die Wortwahl „für die Gesellschaft untauglich" bringt die Folgen der Schwangerschaft dabei unverblümt auf den Punkt. Dass die Marquise selbst nicht weiß, „was sie aus diesem sonderbaren Zustand machen solle" (S. 11, Z. 22 f.), ist ein erster Hinweis auf die sich entwickelnde Identitätskrise, die von den für sie unbegreiflichen Veränderungen ihres Körpers in ihr ausgelöst wird, da ihr körperlicher Zustand sich nicht mit dem von ihr gelebten Bild der tugendhaften Dame in Einklang bringen lässt.

<small>Eingeschränkte Kommunikation</small>

Aus Gründen der Schicklichkeit spricht die Marquise ihre Gedanken zu ihrem Zustand nur in Gegenwart ihrer Mutter an, als „der Vater sich, auf einen Augenblick, aus dem Zimmer entfernt hatte" (S. 11, Z. 24 f.). Gespräche dieser Art finden grundsätzlich nur zwischen den Frauen des Hauses statt und verstummen, sobald der Vater den Raum betritt (vgl. S. 12, Z. 2 f.), was verdeutlicht, dass auch die Kommunikation innerhalb der Familie stark von den vorgegebenen Rollenbildern geprägt ist. In dem Gespräch mit der Mutter zeigt sich, dass die Marquise ihren Zustand noch nicht allzu ernst nimmt; gedankenlos spricht sie davon, dass sie bei jeder anderen Frau, die sich so fühle wie sie, denken würde, „dass sie in gesegneten Leibesumständen wäre" (S. 11, Z. 29 f.). Angst und Verwirrung umfangen die Marquise erst später, als die Zeichen deutlicher werden, zu diesem Zeitpunkt erscheint ihr diese Vermutung zu abwegig, da sie sich als Frau der Tugend nichts vorzuwerfen hat, sodass die Frauen über dieses Gefühl sogar scherzen können (vgl. S. 11, Z. 34 – S. 12, Z. 2). Auch die Mutter scheint also von dem vorbildhaft makellosen Verhalten der Tochter überzeugt zu sein. Die Textstelle endet mit der Erwähnung, dass der Gedanke an eine Schwangerschaft, „da die Marquise sich in einigen Tagen wieder erholte" (S. 12, Z. 4 f.), in Vergessenheit gerät.

Bereits im nächsten Abschnitt verdichten sich aber die Hinweise auf die Schwangerschaft, als der Graf um die Hand der Marquise anhält und sich über die körperlichen Beschwerden, die die Marquise geplagt haben, erfreut zeigt. Auch hier kann die Marquise die Hinweise aber noch nicht richtig deuten, da eine Schwangerschaft für sie einen unmöglichen Zustand darstellt, der sich nicht mit der von ihr gelebten Rolle in Einklang bringen lässt.

Insgesamt wird an dem Verhalten der Protagonistin ersichtlich, wie stark ihr Leben und ihr Selbstbild von der ihr von der Gesellschaft diktierten Rolle der tugendhaften Frau geprägt ist. Sie ordnet sich ihrem Vater und der Familie unter und richtet ihr Leben nach den gesellschaftlichen Erwartungen aus, sodass all ihre Tätigkeit als beispielhaft für die von den Tugenden des gehobenen Bürgertums beeinflusste Frau des niederen Adels gesehen werden können. Dass ihre Identität, die sich aus Fremderwartungen gebildet hat, ins Wanken gerät, wird bereits an dieser Stelle angedeutet, sodass in dem Leser die Frage aufkommt, wie diese Frau vor der Gesellschaft und sich selbst bestehen kann, wenn die Schwangerschaft nicht länger verleugnet werden kann.

Schluss

Der Blick auf die Prüfung: Themenfelder

Dieses Kapitel dient zur unmittelbaren Vorbereitung auf die Prüfung. Die wichtigsten Themenfelder werden in einer übersichtlichen grafischen Form dargeboten. Außerdem verweist eine Liste mit Internetadressen auf mögliche Quellen für Zusatzinformationen im Netz.

Die schematischen Übersichten können dazu genutzt werden,
- die wesentlichen Deutungsaspekte der Novelle kurz vor der Prüfungssituation im Überblick zu wiederholen,
- die Kerngedanken der Novelle noch einmal selbstständig zu durchdenken und
- mögliche Verständnislücken nachzuarbeiten.

Zum Verständnis der Schemata ist eine gute Textkenntnis der Novelle und die Kenntnis der vorausgehenden Kapitel unerlässlich. Die folgenden Schwerpunktsetzungen beruhen auf Erfahrungen aus jahrelanger Prüfungspraxis. Die Übersicht V (Vergleichsmöglichkeiten mit anderen literarischen Werken, S. 121) soll als Anregung dienen, um den eigenen Lektürekanon auf möglicherweise interessante Vergleichspunkte hin abzuklopfen.

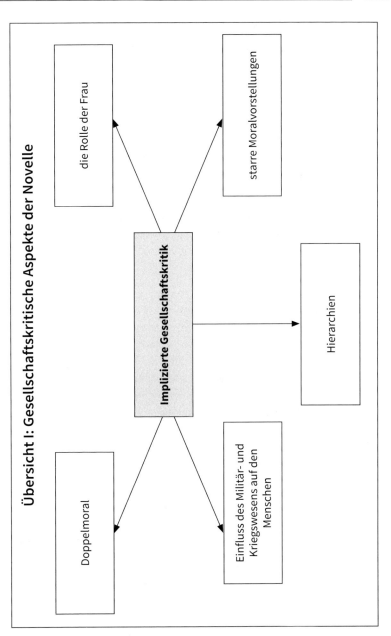

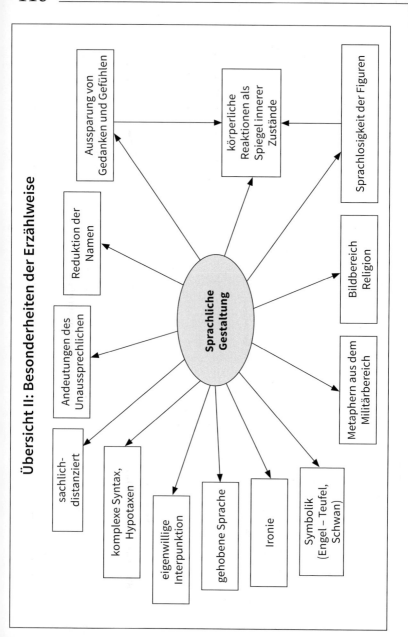

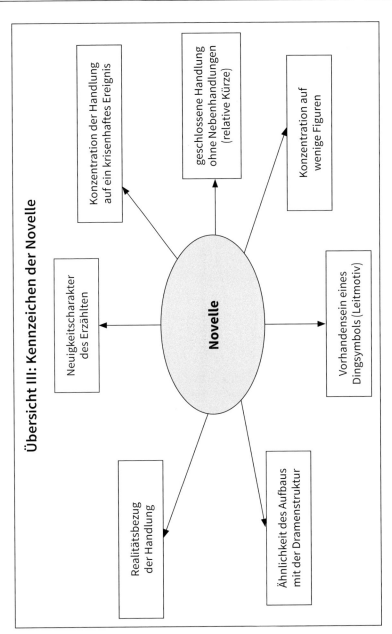

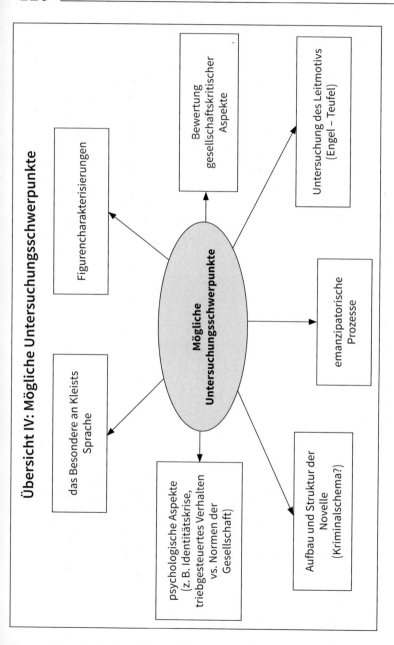

Der Blick auf die Prüfung: Themenfelder 121

Übersicht V: Vergleichsmöglichkeiten mit anderen literarischen Werken

Kleists Novelle „Die Marquise von O ..."

Motivvergleiche, z. B.
- das Motiv der durch gesellschaftliche Strukturen bedingten Doppelmoral in Friedrich Schillers „Kabale und Liebe"
- das Motiv der Schuld in Heinrich von Kleists „Michael Kohlhaas"
- das Motiv der Identitätskrise in Joseph Roths „Hiob"

Figurenvergleiche, z. B.
- die Marquise als Frauenfigur mit Gretchen aus J.W. Goethes „Faust"
- die Marquise als Tochterfigur mit Theodor Fontanes „Effi Briest"
- die Marquise mit G. E. Lessings „Emilia Galotti"

Vergleiche struktureller Unterschiede anderer Erzähltexte, z. B.
- E. T. A. Hoffmann: „Der Sandmann"
- Heinrich von Kleist: „Das Erdbeben in Chili"
- Hartmut Lange: „Das Haus in der Dorotheenstraße"

Vergleiche unter dem Aspekt der Kommunikationsstörungen (Schweigen und Sprachlosigkeit), z. B. mit
- Max Frisch: „Homo faber"
- Peter Stamm: „Agnes"
- Georg Büchner: „Woyzeck"

Internetadressen

Unter diesen Internetadressen kann man sich zusätzlich informieren:

www.forschung-frankfurt.uni-frankfurt de/36050764/15Krass.pdf
(Überlegungen zu Heinrich von Kleists Novelle von Prof. Dr. Andreas Kraß)

http://gutenberg.spiegel.de/buch/briefe-7043/10
(gesammelte Briefe Kleists)

www.bpb.de/gesellschaft/gender/frauenbewegung/35252/wie-alles-begann-frauen-um-1800?p=all
(Informationen zur Stellung der Frau)

www.kleist-museum.de/
(umfangreiche Informationen zu Heinrich von Kleist)

http://kleist-digital.de/
(Sammlung sämtlicher Werke Heinrich von Kleists mit Abbildungen handschriftlicher Arbeiten)

www.dieterwunderlich.de/Kleist_marquise_von_o.htm
(Inhaltsangabe und Kommentar zu Heinrich von Kleists Novelle „Die Marquise von O…" von Dieter Wunderlich)

www.theater-wahlverwandte.de/die-marquise-von-o/
(Einblicke in die Inszenierung der Novelle von Silvia Armbruster)

[Stand: 27.04.2017]

Literatur

Textausgabe
Heinrich von Kleist: Die Marquise von O…, Das Erdbeben in Chili und weitere Texte, hg. von Johannes Diekhans, erarbeitet und mit Anmerkungen versehen von Christine Mersiowsky unter Mitwirkung von Olaf Hildebrand. Schöningh Verlag, Paderborn ^{8}2017.

Sekundärliteratur
Doering, Sabine (2004): Erläuterungen und Dokumente: Heinrich von Kleist: Die Marquise von O… Reclam, Stuttgart.

Grathoff, Dirk (1988): Heinrich von Kleist: Die Marquise von O… In: Interpretationen: Erzählungen und Novellen des 19. Jahrhunderts. Band 1. Reclam, Stuttgart.

Jürgens, David (2014): Textanalyse und Interpretation zu Heinrich von Kleist: Die Marquise von O… In: Königserläuterungen und Materialien. Band 461. C. Bange Verlag, Hollfeld.

Kraft, Herbert (2007): Kleist. Leben und Werk. Aschendorff, Münster.

Kreutzer, H. J. (2011): Heinrich von Kleist. C. H. Beck, Frankfurt am Main.

Kuhn, Axel (1999): Die Französische Revolution. Reclam, Ditzingen.

Loch, Rudolf (2003): Kleist. Eine Biographie. Wallstein, Göttingen.

Neis, Edgar (1980): Die Novelle. Dichtung in Theorie und Praxis. C. Bange Verlag, Hollfeld.

Ogan, Bernd (2006): Heinrich von Kleist – Die Marquise von O… Lektüreschlüssel für Schüler. Reclam, Stuttgart.

Petersen, Jürgen Hans (^{7}2006): Einführung in die Neuere deutsche Literaturwissenschaft. Ein Arbeitsbuch. Erich Schmidt Verlag, Berlin.

Politzer, Heinz (1977): Der Fall der Marquise. Beobachtungen zu Kleists „Die Marquise von O…". Zitiert nach: Berthel, Werner (Hg.) (1979): Heinrich von Kleist: Die Marquise von O… Mit Materialien und Bildern aus dem Film von Éric Rohmer. Insel Verlag, Frankfurt am Main.

Schmidt, Jochen (^{3}2011): Heinrich von Kleist. Die Dramen und Erzählungen in ihrer Epoche. WBG, Darmstadt.

Schulz, Gerhard (2016): Kleist. Eine Biographie. C. H. Beck, Frankfurt am Main.

Sembdner, Helmut (1996): Heinrich von Kleists Lebensspuren. Dokumente und Berichte der Zeitgenossen. Carl Hanser Verlag, München.

Sembdner, Helmut (1997): Heinrich von Kleists Nachruhm. Eine Wirkungsgeschichte in Dokumenten. Carl Hanser Verlag, München.

Notizen

Notizen

Notizen

Notizen